Dr. Oetker

Löffelkekse

Dr. Oetker

Löffelkekse

Dr. Oetker Verlag

Vorwort

Haben Sie auch keine Lust, Ihre Zeit mit dem Ausrollen und Ausstechen von Plätzchen zu verbringen?

Wenn Sie aber trotzdem und nicht nur zur Weihnachtszeit Appetit auf leckere Kekse, Plätzchen oder Cookies haben, dann sind unsere neuen Rezepte genau das Richtige für Sie.

Ein einfacher Teig zusammengerührt mit Nüssen, Schokolade, Früchten, Marmelade und Mohn, mit zwei Löffeln auf ein vorbereites Backblech gesetzt und dann ab in den Backofen. Nun noch ein bisschen warten und ein wunderbarer Duft wird die Küche erfüllen.

Wundern Sie sich nicht, wenn Ihre Gäste jetzt unangemeldet zum Kaffee oder Tee vor Ihrer Tür stehen, um Ihre neuen leckeren Plätzchen zu probieren.

In diesem Buch warten etwa 50 neue Keksideen darauf ausprobiert zu werden. Hier finden Sie z. B. Rotbusch-Baisers, Pina-Colada-Makronen, Rotweinboller, Espresso-Doppel und Aprikosenkekse.

Alle Rezepte sind von Dr. Oetker wie immer nachgebacken und so beschrieben, dass sie Ihnen gelingen.

Abkürzungen

EL = Esslöffel
TL = Teelöffel
Msp. = Messerspitze
Pck. = Packung/Päckchen
g = Gramm
kg = Kilogramm
ml = Milliliter
l = Liter
evtl. = eventuell
geh. = gehäuft
gestr. = gestrichen
TK = Tiefkühlprodukt
°C = Grad Celsius
Ø = Durchmesser
E = Eiweiß
F = Fett
Kh = Kohlenhydrate
kcal = Kilokalorien
kJ = Kilojoule

Hinweise zu den Rezepten

Lesen Sie bitte vor der Zubereitung – besser noch vor dem Einkaufen - das Rezept einmal vollständig durch. Oft werden Arbeitsabläufe oder -zusammenhänge dann klarer.
Die in den Rezepten angegebenen Backtemperaturen und -zeiten sind Richtwerte, die je nach individueller Hitzeleistung des Backofens über- oder unterschritten werden können. Bitte beachten Sie deshalb bei der Einstellung des Backofens die Gebrauchsanweisung des Herstellers und machen Sie nach Beendigung der Backzeit eine Garprobe.

Zubereitungszeiten

Die Zubereitungszeit beinhaltet nur die Zeit für die eigentliche Zubereitung, die Backzeiten sind gesondert ausgewiesen.
Längere Wartezeiten, wie z. B. Kühlzeiten, sind ebenfalls nicht mit einbezogen.

Einfach

Kokos-Busserl

etwa 70 Stück

Zum Vorbereiten:
150 g Kokosraspel

Für die Eiweißmasse:
3 Eiweiß (Größe M)
150 g gesiebter Puderzucker
1 Pck. Dr. Oetker Vanillin-Zucker

Zubereitungszeit: 25 Minuten, ohne Abkühlzeit
Backzeit: 12–15 Minuten je Backblech

Insgesamt:
E: 21 g, F: 95 g, Kh: 168 g, kJ: 6699, kcal: 1599

1 Zum Vorbereiten Kokosraspel in einer Pfanne ohne Fett unter mehrmaligem Wenden hellbraun rösten, herausnehmen und auf einem Teller erkalten lassen.

2 Für die Eiweißmasse Eiweiß mit Handrührgerät mit Rührbesen auf höchster Stufe steif schlagen, der Schnee muss so fest sein, dass ein Messerschnitt sichtbar bleibt. Nach und nach Puderzucker und Vanillin-Zucker unterschlagen. Kokosraspel unterheben.

3 Die Masse mit 2 Teelöffeln in Häufchen auf Backbleche (gefettet, mit Backpapier belegt) setzen, dabei genügend Abstand zwischen den Häufchen lassen.

4 Die Backbleche nacheinander (bei Heißluft zusammen) in den Backofen schieben.

Ober-/Unterhitze: etwa 180 °C (vorgeheizt)
Heißluft: etwa 160 °C (vorgeheizt)
Gas: Stufe 2–3 (vorgeheizt)
Backzeit: 12–15 Minuten je Backblech.

5 Die Busserl mit dem Backpapier von den Backblechen auf Kuchenroste ziehen. Busserl erkalten lassen.

Datteltaler

etwa 35 Stück

Für die Eiweißmasse:
2 Eiweiß (Größe M)
125 g feinkörniger Zucker
1 Pck. Dr. Oetker Vanillin-Zucker
½ Fläschchen Rum-Aroma
1 Msp. gemahlener Zimt
20 g gesiebte Speisestärke
50 g abgezogene, gemahlene Mandeln
50 g abgezogene, gehackte Mandeln
100 g Datteln

Außerdem:
etwa 50 Oblaten (Ø 4 cm)

Für den Guss:
100 g Halbbitter-Kuvertüre oder Zartbitterschokolade
1 TL Speiseöl

Zum Bestreuen:
40 g entsteinte, in Würfel geschnittene Datteln

Zubereitungszeit: 45 Minuten, ohne Abkühlzeit
Backzeit: etwa 20 Minuten

Insgesamt:
E: 36 g, F: 93 g, Kh: 314 g, kJ: 9388, kcal: 2245

1 Für die Eiweißmasse Eiweiß mit Handrührgerät mit Rührbesen auf höchster Stufe steif schlagen. Der Schnee muss so fest sein, dass ein Messerschnitt sichtbar bleibt. Zucker, Vanillin-Zucker, Aroma und Zimt unterrühren. Speisestärke mit Mandeln und Dattelwürfeln mischen, auf die Eischneemasse geben, vorsichtig unterheben.

2 Die Masse mit 2 Teelöffeln in Häufchen auf etwa 15 Oblaten setzen, mit je einer zweiten Oblate belegen und auf ein Backblech legen. Restliche Eiweißmasse auf etwa 20 Oblaten verteilen, mit Dattelwürfeln bestreuen und ebenfalls auf das Backblech legen. Das Backblech in den Backofen schieben.

Ober-/Unterhitze: 140–160 °C (vorgeheizt)
Heißluft: 120–140 °C (vorgeheizt)
Gas: etwa Stufe 1 (vorgeheizt)
Backzeit: etwa 20 Minuten.

3 Die Datteltaler vom Backblech nehmen und auf einem Kuchenrost erkalten lassen.

4 Für den Guss Kuvertüre in kleine Stücke hacken oder Schokolade in Stücke brechen, mit Speiseöl in einem kleinen Topf im Wasserbad bei schwacher Hitze schmelzen. Die Datteltaler von beiden Seiten oder zur Hälfte in die Kuvertüre oder Schokolade tauchen und auf Backpapier legen. Den Guss fest werden lassen.

Tipp: *Statt die Taler in den Guss zu tauchen, können Sie die Oberseite der Taler auch mit dem Guss besprenkeln, dann jedoch nur 50 g Kuvertüre oder Schokolade ohne Speiseöl schmelzen.*

fröhliche

Einfach

Schneehäubchen

etwa 70 Stück (Foto)

Für die Eiweißmasse:
3 Eiweiß (Größe M)
250 g gesiebter Puderzucker
125 g abgezogene, gemahlene Mandeln
125 g leicht geröstete, gemahlene Haselnusskerne

Außerdem:
etwa 70 Backoblaten (Ø 4 cm)

Zubereitungszeit: 55 Minuten
Backzeit: etwa 10 Minuten je Backblech

Insgesamt:
E: 49 g, F: 150 g, Kh: 290 g, kJ: 11233, kcal: 2682

1 Für die Eiweißmasse Eiweiß mit Handrührgerät mit Rührbesen auf höchster Stufe steif schlagen. Der Schnee muss so fest sein, dass ein Messerschnitt sichtbar bleibt. Puderzucker hineingeben und sofort unterschlagen (4 Esslöffel von dem Eischnee beiseite stellen). Mandeln und Haselnusskerne unter den Eischnee heben.

2 Die Masse mit 2 Teelöffeln in Häufchen auf Oblaten setzen. Häufchen mit dem beiseite gestellten Eischnee bestreichen. Die Oblaten auf Backbleche legen. Die Backbleche nacheinander (bei Heißluft zusammen) in den Backofen schieben.

Ober-/Unterhitze: etwa 180 °C (vorgeheizt, untere Einschubleiste)
Heißluft: etwa 160 °C (vorgeheizt)
Gas: Stufe 2–3 (vorgeheizt, untere Einschubleiste)
Backzeit: etwa 10 Minuten je Backblech.

3 Schneehäubchen von den Backblechen nehmen und auf Kuchenrosten erkalten lassen.

Beliebt

Kokosmakronen

etwa 80 Stück

Zum Vorbereiten:
200 g Kokosraspel

Für die Eiweißmasse:
4 Eiweiß (Größe M)
200 g feinkörniger Zucker
1 Msp. gemahlener Zimt

1 Zum Vorbereiten Kokosraspel in einer Pfanne ohne Fett leicht bräunen und auf einem Teller erkalten.

2 Für die Eiweißmasse Eiweiß mit Handrührgerät mit Rührbesen auf höchster Stufe steif schlagen, der Schnee muss so fest sein, dass ein Messerschnitt sichtbar bleibt, nach und nach Zucker, Zimt und Aroma kurz unterschlagen. Kokosraspel vorsichtig unterheben.

(Fortsetzung Seite 12)

2 Tropfen Bittermandel-Aroma

Zubereitungszeit: 25 Minuten
Backzeit: 10–12 Minuten je Backblech

Insgesamt:
E: 28 g, F: 127 g, Kh: 214 g, kJ: 8764, kcal: 2093

3 Die Masse mit 2 Teelöffeln in Häufchen auf Backbleche (mit Backpapier belegt) setzen, dabei genügend Abstand zwischen den Häufchen lassen.

4 Die Backbleche nacheinander (bei Heißluft zusammen) in den Backofen schieben.

Ober-/Unterhitze: etwa 180 °C (vorgeheizt)
Heißluft: etwa 160 °C (vorgeheizt)
Gas: Stufe 2–3 (vorgeheizt)
Backzeit: 10–12 Minuten je Backblech.

5 Die Makronen mit dem Backpapier von den Backblechen auf Kuchenroste ziehen. Makronen erkalten lassen.

Einfach

Mohnbusserl

etwa 70 Stück (Titelfoto)

Für die Eiweißmasse:
3 Eiweiß (Größe M)
150 g gesiebter Puderzucker
1 Pck. Dr. Oetker Vanillin-Zucker
100 g Mohnsamen
1 TL Dr. Oetker Finesse Orangenfrucht

Zubereitungszeit: 25 Minuten
Backzeit: 12–15 Minuten je Backblech

Insgesamt:
E: 32 g, F: 42 g, Kh: 168 g, kJ: 4934, kcal: 1178

1 Für die Eiweißmasse Eiweiß mit Handrührgerät mit Rührbesen auf höchster Stufe steif schlagen, der Schnee muss so fest sein, dass ein Messerschnitt sichtbar bleibt. Puderzucker mit Vanillin-Zucker mischen und kurz unterrühren. Mohnsamen und Orangenfrucht kurz unterrühren.

2 Die Masse mit 2 Teelöffeln in Häufchen auf Backbleche (mit Backpapier belegt) setzen, dabei genügend Abstand zwischen den Häufchen lassen.

3 Die Backbleche nacheinander (bei Heißluft zusammen) in den Backofen schieben.

Ober-/Unterhitze: etwa 180 °C (vorgeheizt)
Heißluft: etwa 160 °C (vorgeheizt)
Gas: Stufe 2–3 (vorgeheizt)
Backzeit: 12–15 Minuten je Backblech.

4 Die Busserl mit dem Backpapier von den Backblechen auf Kuchenroste ziehen, Busserl erkalten lassen.

Rotbusch-Baisers

etwa 55 Stück

Zum Vorbereiten:
2 gestr. EL (10 g) Rotbuschtee
50 ml kochendes Wasser

Für die Eiweißmasse:
2 Eiweiß (Größe M)
80 g feinkörniger Zucker
40 g gesiebter Puderzucker
2 gestr. TL gesiebte Speisestärke

Zubereitungszeit: 40 Minuten
Backzeit: 1 ½–1 ¾ Stunden je Backblech

Insgesamt:
E: 8 g, F: 0 g, Kh: 125 g,
kJ: 2239, kcal: 535

1 Zum Vorbereiten Rotbuschtee mit Wasser übergießen und zugedeckt etwa 10 Minuten stehen lassen. Den Tee durch ein feines Sieb gießen (Teestückchen ausdrücken) und die Flüssigkeit dabei auffangen.

2 Für die Eiweißmasse Eiweiß mit dem aufgefangenen, flüssigen Tee steif schlagen. Nach und nach Zucker unter Rühren einrieseln lassen. So lange weiterschlagen, bis ein glänzender fester Eischnee entstanden ist.

3 Puderzucker mit Speisestärke mischen, auf die Eischneemasse sieben und mit Handrührgerät mit Rührbesen auf niedrigster Stufe unterrühren.

4 Den Teig mit zwei Teelöffeln in Häufchen auf Backbleche (mit Backpapier belegt) setzen, dabei genügend Abstand zwischen den Teighäufchen lassen.

5 Die Backbleche zusammen in den Backofen schieben. (Bei Ober-/Unterhitze einen Kochlöffel zwischen Ofen und Ofentür klemmen, damit die Feuchtigkeit entweichen kann). Die Backbleche während des Backens 2–3-mal umsetzen.

Ober-/Unterhitze: etwa 150 °C (vorgeheizt)
Heißluft: etwa 130 °C (nicht vorgeheizt)
Gas: Stufe 1 (nicht vorgeheizt)
Backzeit: 1 ½–1 ¾ Stunden je Backblech.

6 Gebäck mit dem Backpapier von den Backblechen auf Kuchenroste ziehen und erkalten lassen.

Tipp: *Sie können auch Rotbuschtee aus Teebeuteln verwenden, z. B. Tee mit Vanille-Geschmack. Dafür Teebeutel aufschneiden und Teestückchen ohne Beutel verwenden. Baisers nach Belieben teilweise mit dunkler Kuchenglasur überziehen (Foto).*

Schokoladenküchlein

etwa 60 Stück

Für die Eiweißmasse:
3 Eiweiß (Größe M)
250 g feinkörniger Zucker
1 Pck. Dr. Oetker Vanillin-Zucker
125 g Raspelschokolade
250 g abgezogene, gehackte Mandeln

Zubereitungszeit: 20 Minuten
Backzeit: 12–15 Minuten je Backblech

Insgesamt:
E: 68 g, F: 166 g, Kh: 334 g,
kJ: 12916, kcal: 3085

1 Für die Baisermasse Eiweiß mit Handrührgerät mit Rührbesen auf höchster Stufe steif schlagen. Der Schnee muss so fest sein, dass ein Messerschnitt sichtbar bleibt. Nach und nach Zucker und Vanillin-Zucker kurz unterschlagen. Schokolade mit Mandeln mischen und vorsichtig unterheben (nicht rühren!).

2 Die Masse mit 2 Teelöffeln in Häufchen auf Backbleche (mit Backpapier belegt) setzen, dabei genügend Abstand zwischen den Häufchen lassen. Die Backbleche nacheinander (bei Heißluft zusammen) in den Backofen schieben.

Ober-/Unterhitze: etwa 180 °C (vorgeheizt)
Heißluft: etwa 160 °C (vorgeheizt)
Gas: Stufe 2–3 (vorgeheizt)
Backzeit: 12–15 Minuten je Backblech.

3 Die Schokoladenküchlein mit dem Backpapier von den Backblechen auf Kuchenroste ziehen. Küchlein erkalten lassen.

Tipp: *Die Schokoladenküchlein in einer gut schließenden Dose aufbewahren.*

Raffiniert

Rote Bäckchen

etwa 40 Stück

Zum Vorbereiten:
100 g Orangeat
etwa 70 g rotes Johannisbeergelee (aus dem Glas)

Für den Biskuitteig:
1 Ei, 1 Eigelb (Größe M)
1 EL Zitronensaft, 70 g Zucker
1 Pck. Dr. Oetker Vanillin-Zucker
1 Pck. Dr. Oetker Rote Grütze Pudding-Pulver Himbeer-Geschmack
1 Msp. Dr. Oetker Backin
150 g abgezogene, gemahlene Mandeln

etwa 40 runde Backoblaten (Ø 50 mm)

Zubereitungszeit: 50 Minuten, ohne Ruhezeit
Backzeit: 10–15 Minuten je Backblech

Insgesamt:
E: 39 g, F: 94 g, Kh: 248 g, kJ: 8389, kcal: 1999

1 Zum Vorbereiten Orangeat sehr fein hacken. Gelee mit einem Schneebesen kräftig durchrühren.

2 Für den Teig Ei, Eigelb und Zitronensaft in einer Rührschüssel mit Handrührgerät mit Rührbesen auf höchster Stufe in 1 Minute schaumig schlagen. Zucker und Vanillin-Zucker mischen, in 1 Minute einstreuen, dann noch etwa 2 Minuten schlagen. Pudding-Pulver und Backin mischen, auf die Eiercreme sieben und kurz auf niedrigster Stufe unterrühren. Mandeln und Orangeat unterheben. Den Teig etwa 10 Minuten ruhen lassen.

3 Jeweils einen Teelöffel des Teiges in die Mitte einer Oblate setzen und je einen Klecks Gelee darauf geben. Die Oblaten auf Backbleche geben. Die Backbleche nacheinander (bei Heißluft zusammen) in den Backofen schieben.

Ober-/Unterhitze: etwa 160 °C (vorgeheizt)
Heißluft: etwa 140 °C (vorgeheizt)
Gas: Stufe 1–2 (vorgeheizt)
Backzeit: 10–15 Minuten je Backblech.

4 Das Gebäck von den Backblechen nehmen und auf Kuchenrosten erkalten lassen.

Stollenhäppchen

etwa 45 Stück

Für den Hefeteig:
250 g Weizenmehl
1 Pck. Dr. Oetker Trockenhefe
2 EL (30 g) flüssiger Honig
40 g Zucker
1 Pck. Dr. Oetker Vanillin-Zucker
1 Msp. gemahlene Muskatblüte
1 Msp. gemahlener Zimt
1 TL Dr. Oetker Finesse Geriebene Zitronenschale
100 g weiches Butterschmalz oder Margarine
100 ml lauwarme Milch
50 g fein gehacktes Zitronat (Sukkade)
100 g Rosinen
30 g Korinthen
70 g abgezogene, gemahlene Mandeln

Zum Bestäuben:
Puderzucker

Zubereitungszeit: 1 Stunde, ohne Teiggehzeit
Backzeit: 15–20 Minuten je Backblech

Insgesamt:
E: 51 g, F: 135 g, Kh: 398 g, kJ: 12623, kcal: 3013

1 Für den Teig Mehl in eine Rührschüssel sieben, mit Trockenhefe sorgfältig vermischen. Honig, Zucker, Vanillin-Zucker, Muskat, Zimt, Zitronenschale, Butterschmalz oder Margarine und Milch hinzufügen.

2 Die Zutaten mit Handrührgerät mit Knethaken zunächst kurz auf niedrigster, dann auf höchster Stufe in etwa 5 Minuten zu einem Teig verarbeiten. Den Teig zugedeckt so lange an einem warmen Ort stehen lassen, bis er sich sichtbar vergrößert hat.

3 Den Teig leicht mit Mehl bestäuben, aus der Schüssel nehmen und auf einer bemehlten Arbeitsfläche nochmals kurz durchkneten. Zitronat, Rosinen, Korinthen und Mandeln unterarbeiten.

4 Den Teig mit zwei Teelöffeln in Häufchen auf Backbleche (mit Backpapier belegt) setzen, dabei genügend Abstand zwischen den Teighäufchen lassen. Die Teighäufchen zugedeckt nochmals so lange an einem warmen Ort stehen lassen, bis sie sich sichtbar vergrößert haben.

5 Die Backbleche nacheinander (bei Heißluft zusammen) in den Backofen schieben.

Ober-/Unterhitze: etwa 180 °C (vorgeheizt)
Heißluft: etwa 160 °C (vorgeheizt)
Gas: Stufe 2–3 (vorgeheizt)
Backzeit: 15–20 Minuten je Backblech.

6 Das Gebäck mit dem Backpapier von den Backblechen auf Kuchenroste ziehen. Gebäck sofort mit Puderzucker bestäuben und erkalten lassen.

Weihnachtliche Porridge-Kekse

etwa 45 Stück

Zum Vorbereiten:
175 ml Milch
1 EL brauner Zucker
1 Prise Salz
40 g kernige Haferflocken

Für den Rührteig:
100 g Butter oder Margarine
75 g brauner Zucker
1 Ei (Größe M)
100 g Weizenmehl (Type 550)
75 g Rosinen

Für die Füllung:
2 EL Pflaumenmus

Zubereitungszeit: 65 Minuten, ohne Abkühlzeit
Backzeit: etwa 15 Minuten je Backblech

Insgesamt:
E: 32 g, F: 100 g, Kh: 268 g, kJ: 8842, kcal: 2110

1 Zum Vorbereiten Milch mit Zucker und Salz in einem Topf zum Kochen bringen. Haferflocken hinzufügen, nochmals unter Rühren gut aufkochen und erkalten lassen.

2 Für den Teig Butter oder Margarine mit Handrührgerät mit Rührbesen auf höchster Stufe geschmeidig rühren. Nach und nach Zucker unterrühren. So lange rühren, bis eine gebundene Masse entstanden ist.

3 Ei in etwa ½ Minute unterrühren. Haferflockenmasse hinzufügen. Mehl sieben, mit den Rosinen auf niedrigster Stufe unterrühren.

4 Den Teig mit 2 Teelöffeln in Häufchen auf Backbleche (gefettet, mit Backpapier belegt) setzen, dabei genügend Abstand zwischen den Teighäufchen lassen. Jeweils eine kleine Vertiefung mit 1 Teelöffel in die Teighäufchen drücken.

5 Für die Füllung Pflaumenmus in einen kleinen Gefrierbeutel füllen, eine kleine Ecke abschneiden. Jeweils in die Vertiefungen der Teighäufchen einen Klecks spritzen. Die Backbleche nacheinander (bei Heißluft zusammen) in den Backofen schieben.

Ober-/Unterhitze: etwa 180 °C (vorgeheizt)
Heißluft: etwa 160 °C (vorgeheizt)
Gas: Stufe 2–3 (vorgeheizt)
Backzeit: etwa 15 Minuten je Backblech.

6 Die Kekse mit dem Backpapier von den Backblechen auf Kuchenroste ziehen. Kekse erkalten lassen.

Pflaumen-Ingwer-Stückchen

etwa 50 Stück (Foto)

Für den All-in-Teig:
50 g kandierte Ingwerstücke, z. B. von Seeberger
100 g getrocknete Pflaumen
200 g Weizenmehl
20 g Speisestärke, 120 g Zucker
1 Pck. Dr. Oetker Vanillin-Zucker
1 Prise Salz, 1 Ei (Größe M)
3 EL Buttermilch
120 g weiches Butterschmalz oder Margarine

Zubereitungszeit: 40 Minuten
Backzeit: 10–15 Minuten je Backblech

Insgesamt:
E: 32 g, F: 128 g, Kh: 377 g, kJ: 11677, kcal: 2785

1 Für den Teig Ingwer und Pflaumen fein hacken. Mehl mit Speisestärke mischen, in eine Rührschüssel sieben. Zucker, Vanillin-Zucker, Salz, Ei, Buttermilch und Butterschmalz oder Margarine hinzufügen. Die Zutaten mit Handrührgerät mit Rührbesen zunächst kurz auf niedrigster, dann auf höchster Stufe zu einem Teig verarbeiten. Ingwer- und Pflaumenstückchen unterrühren.

2 Den Teig mit zwei Teelöffeln in Häufchen auf Backbleche (mit Backpapier belegt) setzen, dabei genügend Abstand zwischen den Teighäufchen lassen. Die Backbleche nacheinander (bei Heißluft zusammen) in den Backofen schieben.

Ober-/Unterhitze: etwa 180 °C (vorgeheizt)
Heißluft: etwa 160 °C (vorgeheizt)
Gas: Stufe 2–3 (vorgeheizt)
Backzeit: 10–15 Minuten je Backblech.

3 Das Gebäck mit dem Backpapier von den Backblechen auf Kuchenroste ziehen und erkalten lassen.

Für Gäste

Aprikosenkekse

etwa 45 Stück (Titelfoto)

Für den Rührteig:
100 g Butter oder Margarine
120 g Zucker
1 Pck. Dr. Oetker Vanillin-Zucker
1 Ei (Größe M), 175 g Weizenmehl
50 g abgezogene, gemahlene Mandeln

1 Für den Teig aus den angegebenen Zutaten wie auf Seite 22 beschrieben einen Rührteig zubereiten.

2 Den Teig mit 2 Teelöffeln in Häufchen auf Backbleche (mit Backpapier belegt) setzen, dabei genügend Abstand zwischen den Teighäufchen lassen. In die Mitte jedes

(Fortsetzung Seite 26)

100 g Aprikosenkonfitüre
etwa 25 g gehackte Pistazienkerne

Zubereitungszeit: 50 Minuten
Backzeit: etwa 12 Minuten je Backblech

Insgesamt:
E: 40 g, F: 131 g, Kh: 323 g,
kJ: 11010, kcal: 2629

Teighäufchens einen Klecks Konfitüre geben und den Teig mit Pistazienkernen bestreuen. Die Backbleche nacheinander (bei Heißluft zusammen) in den Backofen schieben.

Ober-/Unterhitze: etwa 200 °C (vorgeheizt)
Heißluft: etwa 180 °C (vorgeheizt)
Gas: Stufe 3–4 (vorgeheizt)
Backzeit: etwa 12 Minuten je Backblech.

3 Die Kekse mit dem Backpapier von den Backblechen auf Kuchenroste ziehen. Kekse erkalten lassen.

Raffiniert

Limetten-Hafer-Wölkchen

etwa 50 Stück

Für den All-in-Teig:
70 g Weizenmehl
1 gestr. TL Dr. Oetker Backin
100 g brauner Zucker (Kandisfarin)
1 Prise Salz
abgeriebene Schale von 1 Bio-Limette (unbehandelt, ungewachst)
2 EL Limettensaft
120 g blütenzarte Haferflocken
1 Ei (Größe M)
120 g weiche Butter oder Margarine
100 g sehr fein gehacktes Zitronat (Sukkade)

Zubereitungszeit: etwa 40 Minuten
Backzeit: 15–20 Minuten je Backblech

Insgesamt:
E: 33 g, F: 116 g, Kh: 293 g,
kJ: 9892, kcal: 2358

1 Mehl mit Backin mischen, in eine Rührschüssel sieben. Zucker, Salz, Limettenschale, -saft, Haferflocken, Ei, Butter oder Margarine und Zitronat hinzufügen. Die Zutaten mit Handrührgerät mit Rührbesen zunächst kurz auf niedrigster, dann auf höchster Stufe zu einem Teig verarbeiten.

2 Den Teig mit zwei Teelöffeln in Häufchen auf Backbleche (mit Backpapier belegt) setzen, dabei genügend Abstand zwischen den Teighäufchen lassen. Die Backbleche nacheinander (bei Heißluft zusammen) in den Backofen schieben.

Ober-/Unterhitze: etwa 200 °C (vorgeheizt)
Heißluft: etwa 180 °C (vorgeheizt)
Gas: Stufe 3–4 (vorgeheizt)
Backzeit: 15–20 Minuten je Backblech.

3 Das Gebäck mit dem Backpapier von den Backblechen auf Kuchenroste ziehen und erkalten lassen.

Tipp: *Einen Guss aus 70 g gesiebtem Puderzucker und 1 Esslöffel Limettensaft zubereiten. Den Guss in einen kleinen Gefrierbeutel geben und eine kleine Ecke abschneiden. Die Plätzchen mit dem Guss verzieren. Guss fest werden lassen.*

Mandelmakronen mit Preiselbeeren

etwa 45 Stück

Zum Vorbereiten:
100 g abgezogene, gemahlene Mandeln

Für den Eiweißmasse:
3 Eiweiß (Größe M)
1 TL Zitronensaft
170 g Zucker
150 g abgezogene, gemahlene Mandeln
2 gestr. TL Dr. Oetker Finesse Geriebene Zitronenschale
etwa 120 g Wildpreiselbeeren-Auslese (aus dem Glas)

Zubereitungszeit: 50 Minuten, ohne Abkühlzeit
Backzeit: etwa 20 Minuten je Backblech

Insgesamt:
E: 59 g, F: 136 g, Kh: 236 g, kJ: 10007, kcal: 2390

1 Zum Vorbereiten Mandeln in einer Pfanne ohne Fett hellbraun rösten, auf einem Teller erkalten lassen.

2 Für die Eiweißmasse Eiweiß und Zitronensaft mit Handrührgerät mit Rührbesen auf höchster Stufe steif schlagen, der Schnee muss so fest sein, dass ein Messerschnitt sichtbar bleibt. Nach und nach Zucker unterschlagen.

3 Mandeln mit den gerösteten Mandeln und der Zitronenschale mischen, in 2 Portionen kurz auf mittlerer Stufe unterrühren.

4 Die Masse mit zwei Teelöffeln in Häufchen auf Backbleche (mit Backpapier belegt) setzen, dabei genügend Abstand zwischen den Teighäufchen lassen. Mit einem feuchten Kochlöffelstiel in jedes Teighäufchen kreisförmig eine kleine Vertiefung drücken und mit Preiselbeeren füllen. Die Backbleche nacheinander (bei Heißluft zusammen) in den Backofen schieben.

Ober-/Unterhitze: etwa 180 °C (vorgeheizt)
Heißluft: etwa 160 °C (vorgeheizt)
Gas: etwa Stufe 1 (vorgeheizt)
Backzeit: etwa 20 Minuten je Backblech.

5 Makronen mit dem Backpapier von den Backblechen auf Kuchenroste ziehen und erkalten lassen.

Tipp: *Um die kleinen Vertiefungen in die Makronen zu drücken, ist es am einfachsten, den Kochlöffelstiel zwischendurch immer wieder in eine Tasse mit kaltem Wasser zu tauchen.*
Die Makronen können auch mit Orangenmarmelade oder mit einer anderen herben Konfitüre gefüllt werden.

Aprikosen-Mandel-Kekse

etwa 40 Stück

Zum Vorbereiten:
100 g getrocknete Aprikosen, z. B. Soft-Aprikosen von Seeberger

Für den Rührteig:
100 g weiches Butterschmalz
120 g Zucker
1 Pck. Dr. Oetker Vanillin-Zucker
1 Ei (Größe M)
120 g Weizenmehl
50 g Speisestärke
1 gestr. TL Dr. Oetker Backin

Für den Belag:
etwa 50 g abgezogene, gehobelte Mandeln
100 g Aprikosenkonfitüre
2 EL Wasser

Zubereitungszeit: 40 Minuten, ohne Abkühlzeit
Backzeit: 10–15 Minuten je Backblech

Insgesamt:
E: 35 g, F: 135 g, Kh: 375 g, kJ: 11952, kcal: 2854

1 Zum Vorbereiten Aprikosen in sehr kleine Würfel schneiden.

2 Für den Teig Butterschmalz mit Handrührgerät mit Rührbesen auf höchster Stufe geschmeidig rühren. Nach und nach Zucker und Vanillin-Zucker unterrühren. So lange rühren, bis eine gebundene Masse entstanden ist. Ei in etwa ½ Minute unterrühren.

3 Mehl mit Speisestärke und Backin mischen, sieben und in 2 Portionen kurz auf mittlerer Stufe unterrühren. Aprikosenwürfel unterheben.

4 Den Teig mit zwei Teelöffeln in Häufchen auf Backbleche (mit Backpapier belegt) setzen, dabei genügend Abstand zwischen den Teighäufchen lassen. Die Backbleche nacheinander (bei Heißluft zusammen) in den Backofen schieben.

Ober-/Unterhitze: etwa 200 °C (vorgeheizt)
Heißluft: etwa 180 °C (vorgeheizt)
Gas: Stufe 3–4 (vorgeheizt)
Backzeit: 10–15 Minuten je Backblech.

5 Die Kekse mit dem Backpapier von den Backblechen auf Kuchenroste ziehen und erkalten lassen.

6 Für den Belag Mandeln auf ein Backblech geben und in dem heißen ausgeschalteten Backofen goldbraun rösten. Mandeln abkühlen lassen.

7 Konfitüre mit 2 Esslöffeln Wasser verrühren, durch ein Sieb in einen Topf streichen oder mit einem Schneidstab pürieren und unter Rühren gut aufkochen lassen. Die Konfitüre mit Hilfe eines Pinsels auf die Kekse streichen und mit Mandeln bestreuen. Trocknen lassen.

Mohnkekse
etwa 55 Stück

Für den All-in-Teig:
170 g Weizenmehl
1 gestr. TL Dr. Oetker Backin
1 Pck. Dr. Oetker Pudding-Pulver Vanille-Geschmack
120 g brauner Zucker (Kandisfarin)
1 Prise Salz
30 g ganzer Mohnsamen
1 Ei (Größe M)
1 Eigelb (Größe M)
4 EL Milch
75 ml Speiseöl
50 ml Nussöl

etwa 100 g Sauerkirschkonfitüre

Zubereitungszeit: 40 Minuten
Backzeit: 10–15 Minuten je Backblech

Insgesamt:
E: 36 g, F: 153 g, Kh: 339 g, kJ: 11973, kcal: 2857

1 Für den Teig Mehl mit Backin und Pudding-Pulver mischen, in eine Rührschüssel sieben. Zucker, Salz, Mohnsamen, Ei, Eigelb, Milch, Speise- und Nussöl hinzufügen. Die Zutaten mit Handrührgerät mit Rührbesen zunächst kurz auf niedrigster, dann auf mittlerer Stufe zu einem Teig verarbeiten.

2 Von dem Teig mit zwei Teelöffeln walnussgroße Häufchen abstechen und auf Backbleche (mit Backpapier belegt) setzen, dabei genügend Abstand zwischen den Teighäufchen lassen.

3 In die Mitte jedes Teighäufchens mit einem Kochlöffelstiel eine kleine Vertiefung drücken (Stiel zwischendurch immer wieder in Mehl wenden) und mit Konfitüre füllen. Die Backbleche nacheinander (bei Heißluft zusammen) in den Backofen schieben.

Ober-/Unterhitze: etwa 200 °C (vorgeheizt)
Heißluft: etwa 180 °C (vorgeheizt)
Gas: Stufe 3–4 (vorgeheizt)
Backzeit: 10–15 Minuten je Backblech.

4 Die Kekse mit dem Backpapier von den Backblechen auf Kuchenroste ziehen und erkalten lassen.

Tipp: *Wenn kein Nussöl vorhanden ist, können Sie die gesamte Ölmenge durch geschmackneutrales Speiseöl ersetzen.*

Einfach

Amerikanische Walnusskekse

etwa 65 Stück

Für den All-in-Teig:
150 g Walnusskerne
170 g Weizenmehl
30 g Speisestärke
30 g Kakaopulver
1 gestr. TL Dr. Oetker Backin
120 g brauner Zucker (Kandisfarin)
2 Pck. Dr. Oetker Vanillin-Zucker
1 Prise Salz
1 Ei (Größe M)
125 ml (⅛ l) Buttermilch
120 g Pflanzenfett, z. B. Palmin-Soft

Zubereitungszeit: 40 Minuten
Backzeit: etwa 15 Minuten je Backblech

Insgesamt:
E: 57 g, F: 230 g, Kh: 304 g,
kJ: 14547, kcal: 3493

1 Für den Teig Walnusskerne hacken. Mehl mit Speisestärke, Kakao und Backin mischen, in eine Rührschüssel sieben. Zucker, Vanillin-Zucker, Salz, Ei, Buttermilch, Pflanzenfett und Walnusskerne hinzufügen. Die Zutaten mit Handrührgerät mit Rührbesen zunächst kurz auf niedrigster, dann auf höchster Stufe in etwa 2 Minuten zu einem Teig verarbeiten. Zuletzt Walnusskerne unterrühren.

2 Den Teig mit zwei Teelöffeln in Häufchen auf Backbleche (mit Backpapier belegt) setzen, dabei genügend Abstand zwischen den Teighäufchen lassen.

3 Die Backbleche nacheinander (bei Heißluft zusammen) in den Backofen schieben.

Ober-/Unterhitze: etwa 180 °C (vorgeheizt)
Heißluft: etwa 160 °C (vorgeheizt)
Gas: Stufe 2–3 (vorgeheizt)
Backzeit: etwa 15 Minuten je Backblech.

4 Die Kekse mit dem Backpapier von den Backblechen auf Kuchenroste ziehen und erkalten lassen.

Tipp: *Die Walnusskekse halten sich in einer gut schließenden Dosen 1–2 Wochen frisch.*

Wiener Kolatschen

etwa 45 Stück

Für den Rührteig:
125 g Butter oder Margarine
100 g Zucker
1 Pck. Dr. Oetker Vanillin-Zucker
1 Ei (Größe M)
1 Eigelb (Größe M)
2 Tropfen Zitronen-Aroma
250 g Weizenmehl
3 gestr. TL Dr. Oetker Backin

Zum Bestreichen:
1 Eiweiß (Größe M)
1 TL Zucker

Zum Bestreuen:
50 g Zitronat (Sukkade)
50 g abgezogene, gehackte Mandeln
70 g Korinthen

Zubereitungszeit: 70 Minuten
Backzeit: etwa 15 Minuten je Backblech

Insgesamt:
E: 53 g, F: 147 g, Kh: 376 g,
kJ: 12743, kcal: 3043

1 Für den Teig Butter oder Margarine mit Handrührgerät mit Rührbesen auf höchster Stufe geschmeidig rühren. Nach und nach Zucker, Vanillin-Zucker, Ei, Eigelb und Aroma unterrühren. Mehl mit Backin mischen, sieben und in 2 Portionen kurz auf mittlerer Stufe unterrühren.

2 Den Teig mit 2 Teelöffeln in Häufchen auf Backbleche (gefettet, mit Backpapier belegt) setzen, dabei genügend Abstand zwischen den Teighäufchen lassen.

3 Zum Bestreichen Eiweiß mit Zucker verschlagen. Die Teighäufchen damit bestreichen.

4 Zum Bestreuen Zitronat sehr klein schneiden, mit Mandeln und Korinthen mischen, auf die Teighäufchen streuen und leicht andrücken. Die Backbleche nacheinander (bei Heißluft zusammen) in den Backofen schieben.

Ober-/Unterhitze: etwa 180 °C (vorgeheizt)
Heißluft: etwa 160 °C (vorgeheizt)
Gas: Stufe 2–3 (vorgeheizt)
Backzeit: etwa 15 Minuten je Backblech.

5 Die Kolatschen mit dem Backpapier von den Backblechen auf Kuchenroste ziehen. Kolatschen erkalten lassen.

Tipp: *Nach Belieben statt Zitronen-Aroma Finesse Orangenfrucht verwenden und Zitronat durch Orangeat ersetzen. Die Wiener Kolatschen sind in einer gut schließenden Dose etwa 4 Wochen haltbar.*

Zimtberge

etwa 45 Stück

Zum Vorbereiten:
200 g gemahlene Haselnusskerne

Für die Eiweißmasse:
3 Eiweiß (Größe M)
1 TL Zitronensaft
220 g gesiebter Puderzucker
2 gestr. TL gemahlener Zimt
1 Pck. Dr. Oetker Finesse Geriebene Zitronenschale
70 g abgezogene, gemahlene Mandeln

Zubereitungszeit: 40 Minuten, ohne Abkühlzeit
Backzeit: 25–30 Minuten je Backblech

Insgesamt:
E: 49 g, F: 161 g, Kh: 250 g, kJ: 11002, kcal: 2628

1 Zum Vorbereiten Haselnusskerne in einer Pfanne ohne Fett kurz rösten, auf einem Teller erkalten lassen.

2 Für die Eiweißmasse Eiweiß und Zitronensaft mit Handrührgerät mit Rührbesen auf höchster Stufe steif schlagen. Der Schnee muss so fest sein, dass ein Messerschnitt sichtbar bleibt. Nach und nach Puderzucker unterschlagen. Zwei gehäufte Esslöffel der Eischneemasse abnehmen, in einen kleinen Gefrierbeutel geben und den Beutel verschließen.

3 Zimt, Zitronenschale, Mandeln und Haselnusskerne mischen, in 2 Portionen kurz auf mittlerer Stufe unter die restliche Eischneemasse rühren.

4 Die Masse mit zwei Teelöffeln in Häufchen auf Backbleche (mit Backpapier belegt) geben, dabei genügend Abstand zwischen den Häufchen lassen.

5 Von dem Gefrierbeutel mit der Eischneemasse eine kleine Ecke abschneiden. Auf jeden Zimtberg eine Spitze spritzen. Die Backbleche nacheinander (bei Heißluft zusammen) in den Backofen schieben.

Ober-/Unterhitze: etwa 150 °C (vorgeheizt)
Heißluft: etwa 130 °C (vorgeheizt)
Gas: etwa Stufe 1 (vorgeheizt)
Backzeit: 25–30 Minuten je Backblech.

6 Zimtberge mit dem Backpapier von den Backblechen auf Kuchenroste ziehen und erkalten lassen.

Ungebackene Birnenplätzchen

etwa 45 Stück (Foto)

300 g getrocknete ungeschwefelte Birnen
200 g Kokosraspel
Saft und abgeriebene Schale von
1 Bio-Zitrone (unbehandelt, ungewachst)
5 EL Birnenlikör, 1 EL cremiger Honig

100 g fein gehackte Haselnusskerne

Zubereitungszeit: 65 Minuten, ohne Kühlzeit

Insgesamt:
E: 32 g, F: 193 g, Kh: 239 g, kJ: 12136, kcal: 2898

1 Birnen, Kokosraspel, Zitronensaft und -schale, Likör und Honig in eine hohe Rührschüssel geben und mit einem Mixstab pürieren.

2 Haselnusskerne in einer Pfanne ohne Fett unter Wenden hellbraun rösten und auf einem tiefen Teller erkalten lassen.

3 Von der Püreemasse mit 2 Teelöffeln walnussgroße Häufchen abstechen und mit angefeuchteten Händen zu Kugeln formen. Die Kugeln in den gerösteten Haselnusskernen wälzen und flach drücken. Plätzchen auf eine große Platte (mit Backpapier belegt) legen und kalt stellen.

Tipp: *Die Plätzchen gekühlt in einer gut schließenden Dose aufbewahren.*

Gut vorzubereiten – Mit Alkohol

Haferflocken-Nuss-Plätzchen

etwa 50 Stück

Für den All-in-Teig:
50 g Weizenmehl
1 schwach geh. TL Dr. Oetker Backin
100 g Zucker
1 Pck. Dr. Oetker Vanillin-Zucker
1 Ei (Größe M)
1 EL Rum
125 g Butter oder Margarine
100 g gemahlene Haselnusskerne
150 g Haferflocken

1 Für den Teig Mehl mit Backin mischen und in eine Rührschüssel sieben. Zucker, Vanillin-Zucker, Ei, Rum und Butter oder Margarine hinzufügen. Die Zutaten mit Handrührgerät mit Rührbesen zunächst kurz auf niedrigster, dann auf höchster Stufe in etwa 2 Minuten zu einem glatten Teig verarbeiten. Haselnusskerne und Haferflocken unterrühren.

2 Den Teig mit 2 Teelöffeln in walnussgroßen Häufchen auf ein Backblech (mit Backpapier belegt) setzen, dabei genügend Abstand zwischen den Teighäufchen lassen.

(Fortsetzung Seite 42)

Für den Guss:
etwa 125 g aufgelöste Haselnussglasur

Zubereitungszeit: 40 Minuten, ohne Abkühlzeit
Backzeit: 10–15 Minuten

Insgesamt:
E: 48 g, F: 235 g, Kh: 311 g, kJ: 14956, kcal: 3563

Teighäufchen mit dem Löffel etwas flach drücken. Das Backblech in den Backofen schieben.

Ober-/Unterhitze: etwa 180 °C (vorgeheizt)
Heißluft: etwa 160 °C (vorgeheizt)
Gas: Stufe 2–3 (vorgeheizt)
Backzeit: 10–15 Minuten.

3 Die Plätzchen mit dem Backpapier vom Backblech auf einen Kuchenrost ziehen. Plätzchen erkalten lassen.

4 Die Plätzchen bis zu einem Drittel in die Glasur tauchen, auf Backpapier legen und trocknen lassen.

Raffiniert

Walnusstaler

etwa 50 Stück

Für den Teig:
100 g Zucker
30 g flüssiger Honig
30 g Butter
150 ml Kondensmilch (7,5 % Fett)
150 g gehackte Walnusskerne
3 gestr. TL Weizenmehl

Zum Bestreuen:
40 g gehackte Zartbitterschokolade

Zubereitungszeit: 40 Minuten, ohne Abkühlzeit
Backzeit: etwa 10 Minuten je Backblech

Insgesamt:
E: 35 g, F: 143 g, Kh: 177 g, kJ: 8899, kcal: 2125

1 Für den Teig Zucker, Honig, Butter, Kondensmilch und Walnusskerne in einem weiten hohen Topf unter Rühren bei mittlerer Hitze zum Kochen bringen und unter gelegentlichem Rühren 4–5 Minuten sprudelnd kochen lassen, bis eine zähflüssige Masse entstanden ist. Topf von der Kochstelle nehmen, unter gelegentlichem Rühren erkalten lassen. Mehl unter die Nussmasse rühren.

2 Die Nussmasse mit zwei Teelöffeln in Häufchen auf Backbleche (mit Backpapier belegt) geben, dabei genügend Abstand zwischen den Häufchen lassen. Die Backbleche nacheinander (bei Heißluft zusammen) in den Backofen schieben.

Ober-/Unterhitze: etwa 180 °C (vorgeheizt)
Heißluft: etwa 160 °C (vorgeheizt)
Gas: Stufe 2–3 (vorgeheizt)
Backzeit: etwa 10 Minuten je Backblech.

3 Die Nusstaler mit dem Backpapier von den Backblechen auf Kuchenroste ziehen. Nusstaler sofort mit Schokolade bestreuen und erkalten lassen.

Haselnussmakronen

etwa 60 Stück

Für die Eiweißmasse:
4 Eiweiß (Größe M)
200 g feinkörniger Zucker
1 Msp. gemahlener Zimt
4 Tropfen Bittermandel-Aroma
200 g in Scheiben geschnittene Haselnusskerne
150 g gemahlene Haselnusskerne

Zubereitungszeit: 40 Minuten
Backzeit: 12–15 Minuten

Insgesamt:
E: 57 g, F: 216 g, Kh: 238 g, kJ: 12971, kcal: 3099

1 Für die Eiweißmasse Eiweiß mit Handrührgerät mit Rührbesen auf höchster Stufe steif schlagen. Der Schnee muss so fest sein, dass ein Messerschnitt sichtbar bleibt. Nach und nach Zucker, Zimt und Aroma unterschlagen.

2 Haselnussscheiben und gemahlene Haselnusskerne vorsichtig unter die Eischneemasse heben (nicht rühren). Die Masse mit 2 Teelöffeln in Häufchen auf ein Backblech (mit Backpapier belegt) setzen. Das Backblech in den Backofen schieben.

Ober-/Unterhitze: etwa 180 °C (vorgeheizt)
Heißluft: etwa 160 °C (vorgeheizt)
Gas: Stufe 2–3 (vorgeheizt)
Backzeit: 12–15 Minuten.

3 Die Makronen mit dem Backpapier vom Backblech auf einen Kuchenrost ziehen. Makronen erkalten lassen.

Raffiniert

Stracciatella-Wolken

etwa 60 Stück

Für die Baisermasse:
3 Eiweiß (Größe M)
75 g Zucker
1 Pck. Dr. Oetker Vanillin-Zucker
50 g gesiebter Puderzucker
10 g gesiebte Speisestärke
100 g gehackte Walnusskerne
75 g Schokoladenröllchen (Zartbitter)

1 Für die Baisermasse Eiweiß mit Handrührgerät mit Rührbesen auf höchster Stufe steif schlagen, der Schnee muss so fest sein, dass ein Messerschnitt sichtbar bleibt. Nach und nach Zucker und Vanillin-Zucker unterschlagen. Puderzucker mit Speisestärke mischen und kurz auf niedrigster Stufe unterrühren. Walnusskerne unterheben.

2 Schokoladenröllchen in einen Gefrierbeutel geben, Beutel verschließen. Schokoladenröllchen mit einer Teigrolle grob zerbröseln und unter die Baisermasse heben.

(Fortsetzung Seite 46)

Zubereitungszeit: 35 Minuten
Backzeit: etwa 25 Minuten je Backblech

Insgesamt:
E: 32 g, F: 86 g, Kh: 191 g, kJ: 6947, kcal: 1659

3 Den Teig mit 2 Teelöffeln in walnussgroßen Häufchen auf Backbleche (mit Backpapier belegt) setzen, dabei genügend Abstand zwischen den Teighäufchen lassen. Die Backbleche nacheinander (bei Heißluft zusammen) in den Backofen schieben.

Ober-/Unterhitze: etwa 140 °C (vorgeheizt)
Heißluft: etwa 120 °C (vorgeheizt)
Gas: etwa Stufe 1 (vorgeheizt)
Backzeit: etwa 25 Minuten je Backblech. (Das Gebäck muss sich vom Backpapier lösen lassen!)

4 Das Gebäck mit dem Backpapier von den Backblechen auf Kuchenroste ziehen. Gebäck erkalten lassen.

Klassisch

Kokoshäufchen

etwa 60 Stück

Für den Rührteig:
50 g Butter oder Margarine
125 g Zucker
1 Pck. Dr. Oetker Vanillin-Zucker
1 Ei (Größe M)
½ Fläschchen Bittermandel-Aroma
125 g Weizenmehl
2 gestr. TL Dr. Oetker Backin
etwa 1 EL Milch
200 g Kokosraspel

Zubereitungszeit: 30 Minuten
Backzeit: 10–12 Minuten je Backblech

Insgesamt:
E: 33 g, F: 177 g, Kh: 237 g, kJ: 11088, kcal: 2647

1 Für den Teig Butter oder Margarine mit Handrührgerät mit Rührbesen auf höchster Stufe geschmeidig rühren. Nach und nach Zucker und Vanillin-Zucker unterrühren. So lange rühren, bis eine gebundene Masse entstanden ist.

2 Ei in etwa ½ Minute auf höchster Stufe unterrühren. Aroma hinzufügen. Mehl mit Backin mischen, sieben, mit Milch in 2 Portionen kurz auf mittlerer Stufe unterrühren. Kokosraspel unterheben. Den Teig mit 2 Teelöffeln in Häufchen auf Backbleche (mit Backpapier belegt) setzen, dabei genügend Abstand zwischen den Teighäufchen lassen. Die Backbleche nacheinander (bei Heißluft zusammen) in den Backofen schieben.

Ober-/Unterhitze: etwa 180 °C (vorgeheizt)
Heißluft: etwa 160 °C (vorgeheizt)
Gas: Stufe 2–3 (vorgeheizt)
Backzeit: 10–12 Minuten je Backblech.

3 Die Kokoshäufchen mit dem Backpapier auf Kuchenroste ziehen. Kokoshäufchen erkalten lassen.

Sonnenblumenspitzen

etwa 50 Stück

Zum Vorbereiten:
100 g Sonnenblumenkerne
70 g flüssiger Honig
40 g Zucker
1 Pck. Dr. Oetker Finesse Geriebene Zitronenschale

Für den Rührteig:
170 g Butter oder Margarine
100 g Zucker
1 Ei (Größe M)
1 Eigelb (Größe M)
1 gestr. TL Dr. Oetker Finesse Orangenfrucht
200 g Weizenmehl
1 gestr. TL Dr. Oetker Backin

Zubereitungszeit: 40 Minuten
Backzeit: 12–15 Minuten je Backblech

Insgesamt:
E: 56 g, F: 205 g, Kh: 353 g, kJ: 14527, kcal: 3468

1 Zum Vorbereiten Sonnenblumenkerne grob hacken und in eine Rührschüssel geben. Honig, Zucker und Zitronenschale untermengen.

2 Für den Teig Butter oder Margarine mit Handrührgerät mit Rührbesen auf höchster Stufe geschmeidig rühren. Nach und nach Zucker unterrühren. So lange rühren, bis eine gebundene Masse entstanden ist. Ei und Eigelb unterrühren (Ei und Eigelb je etwa ½ Minute). Orangenfrucht hinzufügen.

3 Mehl mit Backin mischen, sieben und in 2 Portionen kurz auf mittlerer Stufe unterrühren. Den Teig mit zwei Teelöffeln in Häufchen auf 2 Backbleche (mit Backpapier belegt) setzen, dabei genügend Abstand zwischen den Teighäufchen lassen. Mit einem kalt abgespülten Teelöffel jeweils die Spitzen der Teighäufchen etwas eindrücken. Mit 2 Teelöffeln etwas von der vorbereiteten Sonnenblumenkernmasse in die Vertiefungen der einzelnen Teighäufchen als Spitze setzen.

4 Die Backbleche nacheinander (bei Heißluft zusammen) in den Backofen schieben.

Ober-/Unterhitze: etwa 180 °C (vorgeheizt)
Heißluft: etwa 160 °C (vorgeheizt)
Gas: Stufe 2–3 (vorgeheizt)
Backzeit: 12–15 Minuten je Backblech.

5 Das Gebäck mit dem Backpapier von den Backblechen auf Kuchenroste ziehen und erkalten lassen.

Nusshäufchen

etwa 60 Stück

Für den Rührteig:
150 g Butter oder Margarine
200 g Haselnussmus (aus dem Glas)
150 g zerdrücktes Sucanat (Reformhaus)
2 Eier (Größe M)
125 g fein gemahlener Buchweizen
125 g fein gemahlener Weizen oder Dinkel
1 gestr. TL Dr. Oetker Backin

etwa 30 g abgezogene, gehobelte Mandeln

Zubereitungszeit: 55 Minuten
Backzeit: etwa 15 Minuten

Insgesamt:
E: 73 g, F: 285 g, Kh: 341 g, kJ: 17593, kcal: 4201

1 Für den Teig Butter oder Margarine mit Handrührgerät mit Rührbesen auf höchster Stufe geschmeidig rühren. Nach und nach Haselnussmus und Sucanat unterrühren. So lange rühren, bis eine gebundene Masse entstanden ist.

2 Eier nach und nach unterrühren (jedes Ei etwa ½ Minute). Buchweizen und Weizen oder Dinkel mit Backin mischen, in 2 Portionen kurz auf mittlerer Stufe unterrühren.

3 Den Teig mit 2 Teelöffeln in Häufchen auf ein Backblech (gefettet, mit Backpapier belegt) setzen. Jeweils etwas von den Mandeln in die Teighäufchen stecken. Das Backblech in den Backofen schieben.

Ober-/Unterhitze: etwa 180 °C (vorgeheizt)
Heißluft: etwa 160 °C (vorgeheizt)
Gas: Stufe 2–3 (vorgeheizt)
Backzeit: etwa 15 Minuten.

4 Das Gebäck mit dem Backpapier vom Backblech auf einen Kuchenrost ziehen. Nusshäufchen erkalten lassen.

Tipp: *Buchweizen kann auch durch Dinkel oder Grünkern ersetzt werden.*

Pina-Colada-Makronen

etwa 60 Stück

Zum Vorbereiten:
100 g getrocknete gezuckerte Ananasstücke
3 EL weißer Rum

Für die Eiweißmasse:
3 Eiweiß (Größe M)
120 g feinkörniger Zucker
1 Prise Salz
abgeriebene Schale von ½ Bio-Limette (unbehandelt, ungewachst)
200 g Kokosraspel

Für den Guss:
50 g Kuchenglasur Zitronen-Geschmack

Zum Garnieren:
einige rote Belegkirschen
einige getrocknete gezuckerte Ananasstückchen
einige Zitronenschalen von einer Bio-Zitrone (unbehandelt, ungewachst)

Zubereitungszeit: 30 Minuten, ohne Durchzieh- und Abkühlzeit
Backzeit: etwa 20 Minuten je Backblech

Insgesamt:
E: 27 g, F: 149 g, Kh: 278 g, kJ: 11042, kcal: 2630

1 Zum Vorbereiten Ananasstücke sehr fein hacken, in eine Schüssel geben und mit Rum mischen. Etwa 1 Stunde stehen lassen, bis der Rum fast vollständig aufgesogen ist.

2 Für die Eiweißmasse Eiweiß mit Handrührgerät mit Rührbesen auf höchster Stufe steif schlagen. Der Schnee muss so fest sein, dass ein Messerschnitt sichtbar bleibt. Zucker und Salz kurz unterschlagen.

3 Limettenschale, Kokosraspel und die eingeweichten Ananasstückchen vorsichtig unterheben.

4 Die Masse mit 2 Teelöffeln in Häufchen auf Backbleche (mit Backpapier belegt) setzen, dabei genügend Abstand zwischen den Häufchen lassen.

5 Die Backbleche nacheinander (bei Heißluft zusammen) in den Backofen schieben.

Ober-/Unterhitze: etwa 140 °C (vorgeheizt)
Heißluft: etwa 120 °C (vorgeheizt)
Gas: etwa Stufe 1 (vorgeheizt)
Backzeit: etwa 20 Minuten je Backblech.

6 Die Makronen mit dem Backpapier von den Backblechen auf Kuchenroste ziehen. Makronen erkalten lassen.

7 Für den Guss Kuchenglasur im heißen Wasserbad nach Packungsanleitung auflösen. Die Spitzen der Makronen mit dem Guss bestreichen. Belegkirschen in kleine Stücke schneiden. Kirsch-, Ananasstückchen und Limettenschale auf den Guss legen. Guss trocknen lassen.

Sirup-Nuss-Taler

etwa 40 Stück

Zum Vorbereiten:
100 g gemahlene Haselnusskerne

Für den Biskuitteig:
1 Ei (Größe M)
1 Eigelb (Größe M)
90 g Zucker
1 Pck. Dr. Oetker Vanillin-Zucker
1 Prise Salz
30 g brauner Zuckerrübensirup (Rübenkraut)
50 g Weizenmehl
1 gestr. TL Dr. Oetker Backin

etwa 40 g gehobelte Haselnusskerne

Zubereitungszeit: 40 Minuten, ohne Abkühlzeit
Backzeit: 10–15 Minuten je Backblech

Insgesamt:
E: 33 g, F: 99 g, Kh: 169 g, kJ: 7068, kcal: 1686

1 Zum Vorbereiten Haselnusskerne in einer Pfanne ohne Fett hellbraun rösten und auf einem Teller erkalten lassen.

2 Für den Teig Ei und Eigelb mit Handrührgerät mit Rührbesen auf höchster Stufe in 1 Minute schaumig schlagen. Zucker, Vanillin-Zucker und Salz mischen, in 1 Minute einstreuen, Sirup hinzufügen und noch etwa 2 Minuten schlagen.

3 Mehl mit Backin mischen, sieben und kurz auf niedrigster Stufe unterrühren. Haselnusskerne unterheben.

4 Den Teig mit zwei Teelöffeln in Häufchen auf Backbleche (mit Backpapier belegt) setzen, dabei genügend Abstand zwischen den Teighäufchen lassen. Die Teighäufchen mit gehobelten Haselnussskernen belegen. Die Backbleche nacheinander (bei Heißluft zusammen) in den Backofen schieben.

Ober-/Unterhitze: etwa 180 °C (vorgeheizt)
Heißluft: etwa 160 °C (vorgeheizt)
Gas: Stufe 2–3 (vorgeheizt)
Backzeit: 10–15 Minuten je Backblech.

5 Das Gebäck mit dem Backpapier von den Backblechen auf Kuchenroste ziehen und erkalten lassen.

Scharfe Cashewteilchen

etwa 55 Stück

Zum Vorbereiten:
100 g Cashewkerne

Für den All-in-Teig:
200 g Weizenmehl
1 Msp. Dr. Oetker Backin
100 g brauner Zucker (Kandisfarin)
1 Prise Salz
1 Msp. Cayennepfeffer
2 EL (30 g) flüssiger Honig
1 Ei (Größe M)
150 g weiche Butter oder Margarine

Für den Belag:
80 g Cashewkerne
1 Eiweiß (Größe M)
1 Prise Salz

Zubereitungszeit: 50 Minuten
Backzeit: 10–15 Minuten je Backblech

Insgesamt:
E: 65 g, F: 209 g, Kh: 317 g,
kJ: 14216, kcal: 3396

1 Zum Vorbereiten Cashewkerne in feine Stücke hacken.

2 Für den Teig Mehl mit Backin mischen und in eine Rührschüssel sieben. Zucker, Salz, Cayennepfeffer, Honig, Ei und Butter oder Margarine hinzufügen. Die Zutaten mit Handrührgerät mit Rührbesen zunächst kurz auf niedrigster, dann auf höchster Stufe zu einem Teig verarbeiten. Cashewkerne unterrühren.

3 Den Teig mit zwei Teelöffeln in Häufchen auf Backbleche (mit Backpapier belegt) setzen, dabei genügend Abstand zwischen den Teighäufchen lassen.

4 Für den Belag jedes Teighäufchen mit einem Cashewkern belegen und leicht in den Teig drücken. Eiweiß mit Salz verschlagen. Teighäufchen und Cashewkerne damit bestreichen. Die Backbleche nacheinander (bei Heißluft zusammen) in den Backofen schieben.

Ober-/Unterhitze: etwa 180 °C (vorgeheizt)
Heißluft: etwa 160 °C (vorgeheizt)
Gas: Stufe 2–3 (vorgeheizt)
Backzeit: 10–15 Minuten je Backblech.

5 Das Gebäck mit dem Backpapier von den Backblechen auf Kuchenroste ziehen und erkalten lassen.

Tipp: *Anstelle von Cashewkernen können auch abgezogene ganze Mandeln verwendet werden.*

Sesamkekse

etwa 75 Stück

Zum Vorbereiten:
75 g Korinthen
2 EL Rum

Für den Rühr-Knetteig:
125 g Butter oder Margarine
150 g flüssiger Honig
100 g Rohrzucker (brauner Zucker)
1 Pck. Dr. Oetker Bourbon-Vanille-Zucker
1 Ei (Größe M)
100 g dunkles Weizenmehl (Type 1050)
150 g Vollkorn-Roggenschrot
200 g Sesamsamen

Zubereitungszeit: 35 Minuten, ohne Durchziehzeit
Backzeit: 12–15 Minuten je Backblech

Insgesamt:
E: 73 g, F: 215 g, Kh: 443 g, kJ: 17032, kcal: 4067

1 Zum Vorbereiten Korinthen in eine Schüssel geben, mit Rum beträufeln und über Nacht durchziehen lassen.

2 Für den Teig Butter oder Margarine mit Handrührgerät mit Rührbesen auf höchster Stufe geschmeidig rühren. Honig, Zucker und Vanille-Zucker unterrühren. So lange rühren, bis eine gebundene Masse entstanden ist. Ei in etwa ½ Minute unterrühren.

3 Mehl mit Roggenschrot mischen und in 2 Portionen auf mittlerer Stufe unterrühren. Sesamsamen unterrühren. Zuletzt Rum-Korinthen unterheben.

4 Den Teig mit 2 Teelöffeln in walnussgroßen Häufchen auf Backbleche (mit Backpapier belegt) setzen, dabei genügend Abstand zwischen den Teighäufchen lassen.

5 Die Backbleche nacheinander (bei Heißluft zusammen) in den Backofen schieben.

Ober-/Unterhitze: etwa 180 °C (vorgeheizt)
Heißluft: etwa 160 °C (vorgeheizt)
Gas: Stufe 2–3 (vorgeheizt)
Backzeit: 12–15 Minuten je Backblech.

6 Die Kekse mit dem Backpapier von den Backblechen auf Kuchenroste ziehen. Kekse erkalten lassen.

Tipp: *Zum Einweichen der Korinthen kann der Rum durch Apfelsaft ersetzt werden.*

Süße Walnusshäufchen

etwa 60 Stück

Für den Rührteig:
200 g Butter oder Margarine
150 g Zucker
1 Pck. Dr. Oetker Vanillin-Zucker
2 Eier (Größe M)
100 g Magerquark
300 g Weizenmehl
1 gestr. TL Dr. Oetker Backin
100 g gehackte Walnusskerne
50 g gehackte Vollmilchschokolade

Für den Guss:
100 g Halbbitter-Kuvertüre
2 TL Speiseöl

etwa 150 g Walnusskerne

Zubereitungszeit: 50 Minuten, ohne Abkühlzeit
Backzeit: 15-20 Minuten je Backblech

Insgesamt:
E: 108 g, F: 396 g, Kh: 480 g, kJ: 24620, kcal: 5884

1 Für den Teig Butter oder Margarine mit Handrührgerät mit Rührbesen auf höchster Stufe geschmeidig rühren. Nach und nach Zucker und Vanillin-Zucker unterrühren. So lange rühren, bis eine gebundene Masse entstanden ist.

2 Eier nach und nach unterrühren (jedes Ei etwa ½ Minute). Quark unterrühren. Mehl mit Backin mischen, sieben und in 2 Portionen kurz auf mittlerer Stufe unterrühren. Zuletzt Walnusskerne und Schokoladenstückchen unterheben.

3 Den Teig mit 2 Teelöffeln in Häufchen auf Backbleche (gefettet, mit Backpapier belegt) setzen, dabei genügend Abstand zwischen den Teighäufchen lassen.

4 Die Backbleche nacheinander (bei Heißluft zusammen) in den Backofen schieben.

Ober-/Unterhitze: etwa 180 °C (vorgeheizt)
Heißluft: etwa 160 °C (vorgeheizt)
Gas: Stufe 2–3 (vorgeheizt)
Backzeit: 15–20 Minuten je Backblech.

5 Die Plätzchen mit dem Backpapier von den Backblechen auf Kuchenroste ziehen. Plätzchen erkalten lassen.

6 Für den Guss Kuvertüre in kleine Stücke hacken, mit Speiseöl in einem kleinen Topf im Wasserbad bei schwacher Hitze zu einer geschmeidigen Masse verrühren. Das Gebäck zur Hälfte in die Kuvertüre tauchen und mit Walnusskernen belegen (Walnusskerne nach Belieben zur Hälfte mit der Kuvertüre bestreichen). Kuvertüre fest werden lassen.

Tipp: *Die Plätzchen in einer gut schließenden Dose aufbewahren.*

Klassisch

Schwarz-Weiß-Brocken

etwa 50 Stück

Für den Rührteig:
150 g Butter oder Margarine
120 g Zucker
1 Pck. Dr. Oetker Vanillin-Zucker
1 Ei (Größe M)
120 g Weizenmehl
50 g Speisestärke
1 gestr. TL Dr. Oetker Backin
1 EL Kakaopulver (schwach entölt)
1 EL Milch

Zubereitungszeit: 40 Minuten
Backzeit: 10–15 Minuten je Backblech

Insgesamt:
E: 24 g, F: 136 g, Kh: 258 g,
kJ: 9818, kcal: 2344

1 Für den Teig Butter oder Margarine mit Handrührgerät mit Rührbesen auf höchster Stufe geschmeidig rühren. Nach und nach Zucker und Vanillin-Zucker unterrühren. So lange rühren, bis eine gebundene Masse entstanden ist. Ei in etwa ½ Minute unterrühren.

2 Mehl mit Speisestärke und Backin mischen, sieben und in 2 Portionen kurz auf mittlerer Stufe unterrühren. Den Teig halbieren. Eine Teighälfte in einen tiefen Teller geben und glatt streichen.

3 Restlichen Teig mit Kakao und Milch verrühren, auf die Teighälfte in den Teller geben und glatt streichen.

4 Von dem geschichteten Teig mit zwei Teelöffeln Häufchen abstechen und auf Backbleche (mit Backpapier belegt) setzen, dabei genügend Abstand zwischen den Teighäufchen lassen. Die Backbleche nacheinander (bei Heißluft zusammen) in den Backofen schieben.

Ober-/Unterhitze: etwa 200 °C (vorgeheizt)
Heißluft: etwa 180 °C (vorgeheizt)
Gas: Stufe 3–4 (vorgeheizt)
Backzeit: 10–15 Minuten je Backblech.

5 Das Gebäck mit dem Backpapier von den Backblechen auf Kuchenroste ziehen und erkalten lassen.

Rotweinboller

etwa 50 Stück

Zum Vorbereiten:
50 g Pinienkerne
½ Tafel (50 g) Edelbitterschokolade (60 % Kakaoanteil)

Für den Rührteig:
120 g Butter oder Margarine
120 g Kandisfarin (brauner Zucker)
1 Ei (Größe M)
120 g Weizenmehl
30 g Speisestärke
1 gestr. TL Dr. Oetker Backin
3 EL Rotwein
40 g gehackte Pistazienkerne

Für den Guss:
1 EL Rotwein
70 g gesiebter Puderzucker

Zubereitungszeit: 40 Minuten, ohne Abkühlzeit
Backzeit: 10–15 Minuten je Backblech

Insgesamt:
E: 43 g, F: 170 g, Kh: 329 g, kJ: 12690, kcal: 3030

1 Zum Vorbereiten Pinienkerne in einer Pfanne ohne Fett goldbraun rösten, auf einem Teller erkalten lassen. Schokolade in kleine Stücke hacken.

2 Für den Teig Butter oder Margarine mit Handrührgerät mit Rührbesen auf höchster Stufe geschmeidig rühren. Nach und nach Zucker unterrühren. So lange rühren, bis eine gebundene Masse entstanden ist. Ei in etwa ½ Minute unterrühren.

3 Mehl mit Speisestärke und Backin mischen, sieben, abwechselnd mit dem Rotwein in 2 Portionen kurz auf niedrigster Stufe unterrühren. Pinien-, Pistazienkerne und Schokoladenstückchen unterrühren.

4 Den Teig mit zwei Teelöffeln in Häufchen auf Backbleche (mit Backpapier belegt) setzen, dabei genügend Abstand zwischen den Teighäufchen lassen. Die Backbleche nacheinander (bei Heißluft zusammen) in den Backofen schieben.

Ober-/Unterhitze: etwa 200 °C (vorgeheizt)
Heißluft: etwa 180 °C (vorgeheizt)
Gas: Stufe 3–4 (vorgeheizt)
Backzeit: 10–15 Minuten je Backblech.

5 Das Gebäck mit dem Backpapier von den Backblechen auf Kuchenroste ziehen und erkalten lassen.

6 Für den Guss Rotwein mit Puderzucker zu einer dickflüssigen Masse verrühren. Die Mitte der Rotweinboller mit dem Guss bestreichen. Guss trocknen lassen.

Tipp: *Pinienkerne können auch durch abgezogene, gehackte Mandeln oder Haselnusskerne ersetzt werden.*

Schokostäubchen

etwa 45 Stück

Für den Rührteig:
150 g Butter oder Margarine
120 g gesiebter Puderzucker
2 Pck. Dr. Oetker Vanillin-Zucker
1 Ei (Größe M), 70 g Weizenmehl
2 Pck. Dr. Oetker Gala Pudding-Pulver Schokoladen-Geschmack
1 Msp. Dr. Oetker Backin
2 Pck. (je 75 g) Schokotröpfchen

Zubereitungszeit: 40 Minuten
Backzeit: 10–15 Minuten je Backblech

Insgesamt:
E: 27 g, F: 161 g, Kh: 352 g, kJ: 12442, kcal: 2966

1 Für den Teig aus den angegebenen Zutaten wie auf Seite 62 beschrieben einen Rührteig zubereiten. Zuletzt die Hälfte der Schokotröpfchen unterheben.

2 Den Teig mit zwei Teelöffeln in Häufchen auf Backbleche (mit Backpapier belegt) setzen, dabei genügend Abstand zwischen den Teighäufchen lassen. Teighäufchen mit den restlichen Schokotröpfchen belegen. Die Backbleche nacheinander (bei Heißluft zusammen) in den Backofen schieben.

Ober-/Unterhitze: etwa 200 °C (vorgeheizt)
Heißluft: etwa 180 °C (vorgeheizt)
Gas: Stufe 3–4 (vorgeheizt)
Backzeit: 10–15 Minuten je Backblech.

3 Das Gebäck mit dem Backpapier von den Backblechen auf Kuchenroste ziehen und erkalten lassen.

Für Kinder

Marmorkekse

etwa 45 Stück (Titeltfoto)

Für den Rührteig:
150 g Butter oder Margarine
120 g Zucker
1 Pck. Dr. Oetker Vanillin-Zucker
1 Ei (Größe M), 120 g Weizenmehl
50 g Speisestärke
1 gestr. EL gesiebtes Kakaopulver
1 EL Milch, 1 TL Zucker

1 Für den Teig Butter oder Margarine mit Handrührgerät mit Rührbesen auf höchster Stufe geschmeidig rühren. Nach und nach Zucker und Vanillin-Zucker unterrühren. So lange rühren, bis eine gebundene Masse entstanden ist. Ei in etwa ½ Minute unterrühren. Mehl mit Speisestärke mischen, sieben und in 2 Portionen kurz auf mittlerer Stufe unterrühren. Ein Drittel des Teiges mit Kakao, Milch und Zucker verrühren.

(Fortsetzung Seite 68)

3 EL Johannisbeergelee
100 g abgezogene, gehobelte Mandeln

Zubereitungszeit: 50 Minuten
Backzeit: etwa 12 Minuten je Backblech

Insgesamt:
E: 41 g, F: 188 g, Kh: 327 g, kJ: 13218, kcal: 3156

2 Den dunklen Teig auf dem hellen Teig verteilen und eine Gabel spiralförmig leicht durch die Teigschichten ziehen, so dass ein Marmormuster entsteht.

3 Den Teig mit 2 Teelöffeln in Häufchen auf Backbleche (mit Backpapier belegt) setzen, dabei genügend Abstand zwischen den Teighäufchen lassen. In die Mitte jedes Teighäufchens einen Klecks Gelee geben. Mandeln darum streuen. Die Backbleche nacheinander (bei Heißluft zusammen) in den Backofen schieben.

Ober-/Unterhitze: etwa 200 °C (vorgeheizt)
Heißluft: etwa 180 °C (vorgeheizt)
Gas: Stufe 3–4 (vorgeheizt)
Backzeit: etwa 12 Minuten je Backblech.

4 Die Kekse mit dem Backpapier von den Backblechen auf Kuchenroste ziehen. Kekse erkalten lassen.

Für Kinder

Knusperplatten

etwa 40 Stück

Zum Vorbereiten:
7 EL Milch
70 g Vollkorn-Dinkelflocken
30 g Butter, 100 g Zucker
100 g Sauerkirschkonfitüre

20 g Zucker, 50 g Kürbiskerne
3 EL (30 g) gesiebtes Weizenmehl

Zubereitungszeit: 40 Minuten, ohne Abkühlzeit
Backzeit: 10–15 Minuten je Backblech

Insgesamt:
E: 27 g, F: 53 g, Kh: 263 g, kJ: 6897, kcal: 1644

1 Zum Vorbereiten Milch, Dinkelflocken, Butter, Zucker und Konfitüre unter Rühren zum Kochen bringen. Zugedeckt bei mittlerer Hitze etwa 10 Minuten kochen, dabei gelegentlich umrühren. Masse erkalten lassen.

2 Zucker mit Kürbiskernen und Mehl mischen, zur Konfitürenmasse geben und unterheben. Den Teig mit zwei Teelöffeln in Häufchen auf Backbleche (mit Backpapier belegt) setzen, dabei genügend Abstand zwischen den Häufchen lassen. Die Backbleche nacheinander (bei Heißluft zusammen) in den Backofen schieben.

Ober-/Unterhitze: etwa 180 °C (vorgeheizt)
Heißluft: etwa 160 °C (vorgeheizt)
Gas: Stufe 2–3 (vorgeheizt)
Backzeit: 10–15 Minuten je Backblech.

3 Das Gebäck mit dem Backpapier von den Backblechen auf Kuchenroste ziehen und erkalten lassen.

Braune Sirup-Biskuits

etwa 40 Stück

Für den Teig:
2 Eiweiß (Größe M)
1 TL Zitronensaft
50 g Zucker
1 Pck. Dr. Oetker Vanillin-Zucker
1 Eigelb (Größe M)
30 g brauner Zuckerrübensirup
70 g Vollkorn-Dinkelmehl
1 Msp. Dr. Oetker Backin
20 g gesiebter Puderzucker

Zum Verzieren:
etwa 20 g dunkle Kuchenglasur

Zubereitungszeit: 40 Minuten, ohne Abkühlzeit
Backzeit: 10–15 Minuten je Backblech

Insgesamt:
E: 22 g, F: 17 g, Kh: 153 g, kJ: 3593, kcal: 855

1 Für den Teig Eiweiß und Zitronensaft mit Handrührgerät mit Rührbesen auf höchster Stufe steif schlagen, der Schnee muss so fest sein, dass ein Messerschnitt sichtbar bleibt, nach und nach Zucker und Vanillin-Zucker unterschlagen.

2 Eigelb und Sirup mit Handrührgerät mit Rührbesen auf höchster Stufe zu einer schaumigen Masse aufschlagen. Sirupschaum auf den Eischnee geben und kurz auf niedrigster Stufe unterrühren. Dinkelmehl mit Backin und Puderzucker mischen, auf die Eier-Sirup-Masse geben und ebenfalls kurz auf niedrigster Stufe unterrühren.

3 Den Teig mit zwei Teelöffeln in Häufchen auf Backbleche (mit Backpapier belegt) setzen, dabei genügend Abstand zwischen den Teighäufchen lassen.

4 Die Backbleche nacheinander (bei Heißluft zusammen) in den Backofen schieben.

Ober-/Unterhitze: etwa 180 °C (vorgeheizt)
Heißluft: etwa 160 °C (vorgeheizt)
Gas: Stufe 2–3 (vorgeheizt)
Backzeit: 10–15 Minuten je Backblech.

5 Biskuits mit dem Backpapier von den Backblechen auf Kuchenroste ziehen und erkalten lassen.

6 Zum Verzieren Kuchenglasur nach Packungsanweisung schmelzen, in einen kleinen Gefrierbeutel geben und eine kleine Ecke abschneiden. Die Glasur im Karomuster auf die Biskuits spritzen. Trocknen lassen.

Tipp: *Die Biskuits schmecken am besten, wenn sie mindestens 12 Minuten gebacken werden, so dass sie knusprig sind.*

Weiche Schokotaler

etwa 60 Stück

Zum Vorbereiten:
150 g Edelbitterschokolade (60 % Kakaoanteil)
40 g Kokosfett

Für den Teig:
3 Eiweiß (Größe M)
80 g Zucker
1 Pck. Dr. Oetker Vanillin-Zucker
1 Eigelb (Größe M)
50 g Weizenmehl
1 gestr. TL Dr. Oetker Backin

Zum Besprenkeln:
etwa 50 g weiße Kuvertüre

Zubereitungszeit: 50 Minuten, ohne Abkühlzeit
Backzeit: 10–15 Minuten je Backblech

Insgesamt:
E: 34 g, F: 114 g, Kh: 218 g, kJ: 8480, kcal: 2024

1 Zum Vorbereiten Schokolade in kleine Stück hacken. 100 g der Schokoladenstückchen mit Kokosfett in einem kleinen Topf im Wasserbad bei mittlerer Hitze schmelzen, etwas abkühlen lassen.

2 Für den Teig Eiweiß mit Handrührgerät mit Rührbesen auf höchster Stufe steif schlagen, der Schnee muss so fest sein, dass ein Messerschnitt sichtbar bleibt. Nach und nach Zucker und Vanillin-Zucker unterschlagen.

3 Eigelb und abgekühlte Schokoladenmasse unterrühren. Mehl und Backin mischen, auf die Eischnee-Schokoladen-Masse sieben und auf niedrigster Stufe unterrühren.

4 Den Teig mit zwei Teelöffeln in Häufchen auf Backbleche (mit Backpapier belegt) setzen. Teighäufchen mit den restlichen Schokoladenstückchen bestreuen.

5 Die Backbleche nacheinander (bei Heißluft zusammen) in den Backofen schieben.

Ober-/Unterhitze: etwa 200 °C (vorgeheizt)
Heißluft: 180 °C (vorgeheizt)
Gas: Stufe 2–3 (vorgeheizt)
Backzeit: 10–15 Minuten je Backblech.

6 Das Gebäck mit dem Backpapier von den Backblechen auf Kuchenroste ziehen und erkalten lassen.

7 Zum Besprenkeln Kuvertüre hacken, in einen kleinen Gefrierbeutel geben, Beutel verschließen. Kuvertüre im Wasserbad bei schwacher Hitze schmelzen. Von dem Gefrierbeutel eine kleine Ecke abschneiden. Die Schokotaler mit der Kuvertüre besprenkeln, fest werden lassen.

Gewürzbiskuits

etwa 55 Stück

Für den Biskuitteig:
2 Eier (Größe M)
1 Eigelb (Größe M)
80 g Zucker
1 Pck. Dr. Oetker Vanillin-Zucker
50 g Weizenmehl
50 g Speisestärke
je 1 Msp. gemahlener Ingwer, Zimt, Anis

Zum Verzieren:
etwa 50 g dunkle Kuchenglasur

Zum Bestäuben:
gemahlener Zimt

Zubereitungszeit: 40 Minuten, ohne Abkühlzeit
Backzeit: 10–15 Minuten je Backblech

Insgesamt:
E: 24 g, F: 42 g, Kh: 194 g, kJ: 5221, kcal: 1243

1 Für den Teig Eier und Eigelb mit Handrührgerät mit Rührbesen auf höchster Stufe in 1 Minute schaumig schlagen. Zucker und Vanillin-Zucker mischen, in 1 Minute einstreuen, dann noch etwa 2 Minuten schlagen.

2 Mehl mit Speisestärke, Ingwer, Zimt und Anis mischen, auf die Eiercreme sieben und kurz auf niedrigster Stufe unterrühren.

3 Den Teig mit zwei Teelöffeln in Häufchen auf 3 Backbleche (mit Backpapier belegt) setzen, dabei genügend Abstand zwischen den Teighäufchen lassen. Die Backbleche nacheinander (bei Heißluft zusammen) in den Backofen schieben.

Ober-/Unterhitze: etwa 180 °C (vorgeheizt)
Heißluft: etwa 160 °C (vorgeheizt)
Gas: Stufe 1–2 (vorgeheizt)
Backzeit: 10–15 Minuten je Backblech.

4 Das Gebäck mit dem Backpapier von den Backblechen auf Kuchenroste ziehen und erkalten lassen.

5 Zum Verzieren Kuchenglasur nach Packungsanweisung auflösen, in einen kleinen Gefrierbeutel geben und eine kleine Ecke abschneiden. Die Glasur spiralförmig auf das Gebäck spritzen. Zimt in ein Haarsieb geben, das Gebäck damit bestäuben. Glasur fest werden lassen.

Tipp: *Der Teig läuft nach dem Auftragen etwas auseinander, deshalb nur kleine Häufchen mit genügend Abstand auf die Backbleche geben.*

Raffiniert

Karamellos

etwa 45 Stück

Für den Teig:
1 Becher (200 ml) Schlagsahne
150 g Zucker
100 g sehr fein gehacktes Orangeat
80 g blütenzarte Haferflocken
150 g abgezogene ganze Mandeln

Zubereitungszeit: 40 Minuten, ohne Abkühlzeit
Backzeit: etwa 12 Minuten je Backblech

Insgesamt:
E: 44 g, F: 151 g, Kh: 282 g, kJ: 11146, kcal: 2659

1 Für den Teig Sahne mit Zucker in einem weiten hohen Topf unter gelegentlichem Rühren bei mittlerer Hitze zum Kochen bringen und etwa 3 Minuten unter gelegentlichem Rühren sprudelnd kochen lassen. Topf von der Kochstelle nehmen. Sahne abkühlen lassen.

2 Klein geschnittenes Orangeat, Haferflocken und Mandeln zur Sahnemasse geben und unterrühren.

3 Den Teig mit zwei Teelöffeln in Häufchen auf Backbleche (mit Backpapier belegt) geben, dabei genügend Abstand zwischen den Häufchen lassen. Die Backbleche nacheinander (bei Heißluft zusammen) in den Backofen schieben.

Ober-/Unterhitze: etwa 180 °C (vorgeheizt)
Heißluft: etwa 160 °C (vorgeheizt)
Gas: Stufe 2–3 (vorgeheizt)
Backzeit: etwa 12 Minuten je Backblech.

4 Das Gebäck mit dem Backpapier von den Backblechen auf Kuchenroste ziehen und erkalten lassen. Gebäckränder evtl. etwas gerade schneiden.

Tipp: *Karamellos müssen kross sein.*

Frischkäse-Kekse

etwa 60 Stück (Foto)

Für den Rührteig:
200 g Doppelrahm-Frischkäse
50 g Butterschmalz, 120 g Zucker
1 Pck. Dr. Oetker Vanillin-Zucker
3 Tropfen Bittermandel-Aroma
1 Eiweiß (Größe M), 50 g Weizenmehl
1 Msp. Dr. Oetker Backin
200 g abgezogene, gemahlene Mandeln
1 gestr. TL Dr. Oetker Finesse Geriebene Zitronenschale, 2–3 EL Puderzucker

Zubereitungszeit: 30 Minuten
Backzeit: etwa 12 Minuten je Backblech

Insgesamt:
E: 69 g, F: 222 g, Kh: 203 g, kJ: 12791, kcal: 3054

1 Für den Teig Frischkäse und Butterschmalz mit Handrührgerät mit Rührbesen auf höchster Stufe geschmeidig rühren. Nach und nach Zucker, Vanillin-Zucker und Aroma unterrühren. So lange rühren, bis eine gebundene Masse entstanden ist. Eiweiß unterrühren. Mehl und Backin mischen, sieben, mit Mandeln und Zitronenschale in 2 Portionen kurz auf mittlerer Stufe unterrühren.

2 Den Teig mit zwei Teelöffeln in Häufchen auf Backbleche (mit Backpapier belegt) setzen, dabei genügend Abstand zwischen den Teighäufchen lassen. Teighäufchen mit Puderzucker bestäuben. Die Backbleche nacheinander (bei Heißluft zusammen) in den Backofen schieben.

Ober-/Unterhitze: etwa 200 °C (vorgeheizt)
Heißluft: etwa 180 °C (vorgeheizt)
Gas: Stufe 3–4 (vorgeheizt)
Backzeit: etwa 12 Minuten je Backblech.

3 Die Kekse mit dem Backpapier von den Backblechen auf Kuchenroste ziehen und erkalten lassen.

Vollwert

Feine Dattelmakronen

etwa 50 Stück

125 g Butter
250 g Vollkorn-Haferflocken
250 g getrocknete ungeschwefelte Datteln

Für den Teig:
2 Eier (Größe M), 100 g flüssiger Honig
½ gestr. TL Dr. Oetker Backin

1 Butter zerlassen. Haferflocken unter Rühren darin hellbraun rösten, erkalten lassen. Datteln entsteinen, würfeln.

2 Für den Teig Eier mit Handrührgerät mit Rührbesen schaumig schlagen. Nach und nach Honig hinzufügen, weitere 2 Minuten schlagen. Backpulver und Vanille-Aroma unterrühren. Haferflocken und Dattelwürfel unterheben.

(Fortsetzung Seite 80)

2 Msp. Dr. Oetker Finesse
Bourbon-Vanille-Aroma

Zubereitungszeit: 35 Minuten
Backzeit: 12–15 Minuten je Backblech

Insgesamt:
E: 55 g, F: 136 g, Kh: 386 g,
kJ: 12661, kcal: 3015

3 Den Teig mit 2 Teelöffeln in Häufchen auf Backbleche (mit Backpapier belegt) setzen, dabei genügend Abstand zwischen den Teighäufchen lassen. Die Backbleche nacheinander (bei Heißluft zusammen) in den Backofen schieben.

Ober-/Unterhitze: etwa 180 °C (vorgeheizt)
Heißluft: etwa 160 °C (vorgeheizt)
Gas: Stufe 2–3 (vorgeheizt)
Backzeit: 12–15 Minuten je Backblech.

4 Makronen mit dem Backpapier von den Backblechen auf Kuchenroste ziehen. Makronen erkalten lassen.

Einfach

Butterteilchen

50 Stück

Für den All-in-Teig:
220 g Weizenmehl
30 g Speisestärke, 120 g Zucker
1 Pck. Dr. Oetker Vanillin-Zucker
1 Ei, 1 Eigelb (Größe M)
200 g weiche Butter

Zum Bestäuben:
Puderzucker

Zubereitungszeit: 30 Minuten
Backzeit: 10–15 Minuten je Backblech

Insgesamt:
E: 35 g, F: 181 g, Kh: 320 g,
kJ: 12745, kcal: 3043

1 Für den Teig Mehl mit Speisestärke mischen, in eine Rührschüssel sieben. Zucker, Vanillin-Zucker, Ei, Eigelb und Butter hinzufügen und mit Handrührgerät mit Rührbesen zunächst kurz auf niedrigster, dann auf höchster Stufe in etwa 2 Minuten zu einem Teig verarbeiten.

2 Den Teig mit zwei Teelöffeln in Häufchen auf Backbleche (mit Backpapier belegt) setzen, dabei genügend Abstand zwischen den Teighäufchen lassen. Die Backbleche nacheinander (bei Heißluft zusammen) in den Backofen schieben.

Ober-/Unterhitze: etwa 200 °C (vorgeheizt)
Heißluft: etwa 180 °C (vorgeheizt)
Gas: Stufe 3–4 (vorgeheizt)
Backzeit: 10–15 Minuten je Backblech.

3 Das Gebäck mit dem Backpapier von den Backblechen auf Kuchenroste ziehen. Gebäck sofort mit Puderzucker bestäuben und erkalten lassen.

Rondjes

etwa 50 Stück

Zum Vorbereiten:
50 g Zucker

Für den Rührteig:
175 g Butter oder Margarine
75 g Rohrzucker (brauner Zucker)
1 TL Zuckerrübensirup (Rübenkraut)
1 EL Wasser
120 g Weizenmehl

Zubereitungszeit: 40 Minuten, ohne Abkühlzeit
Backzeit: etwa 10 Minuten je Backblech

Insgesamt:
E: 14 g, F: 151 g, Kh: 213 g, kJ: 9470, kcal: 2262

1 Zum Vorbereiten Zucker in einer Pfanne ohne Fett unter Rühren so lange erhitzen, bis er gebräunt ist, ihn dann auf ein geöltes Stück Alufolie legen und erkalten lassen. Den Zucker mit einer Teigrolle fein zerdrücken.

2 Für den Teig Butter oder Margarine mit Handrührgerät mit Rührbesen auf höchster Stufe geschmeidig rühren. Nach und nach Zucker, Sirup und Wasser unterrühren. So lange rühren, bis eine gebundene Masse entstanden ist. Mehl sieben, in 2 Portionen kurz auf mittlerer Stufe unterrühren. Zuletzt den zerdrückten Zucker unterkneten.

3 Den Teig mit 2 Teelöffeln in Häufchen auf Backbleche (gefettet) setzen, dabei genügend Abstand zwischen den Teighäufchen lassen. Die Backbleche nacheinander (bei Heißluft zusammen) in den Backofen schieben.

Ober-/Unterhitze: etwa 180 °C (vorgeheizt)
Heißluft: etwa 160 °C (vorgeheizt)
Gas: Stufe 2–3 (vorgeheizt)
Backzeit: etwa 10 Minuten je Backblech.

4 Die Plätzchen sofort nach dem Backen mit einem Spachtel von den Backblechen lösen und auf Kuchenrosten erkalten lassen. Plätzchen in einer gut schließenden Dose aufbewahren, damit sie nicht weich werden.

Haferflockenküchlein

etwa 50 Stück

Für den Rührteig:
120 g Butter oder Margarine
120 g gesiebter Puderzucker
1 Pck. Dr. Oetker Vanillin-Zucker
2 Eier (Größe M)
etwas Salz
1 Pck. Dr. Oetker Finesse Geriebene Zitronenschale
100 g kernige Haferflocken
150 g Weizenmehl
1 gestr. TL Dr. Oetker Backin
70 g Rosinen

Zum Bestäuben:
Puderzucker

Zubereitungszeit: 25 Minuten, ohne Abkühlzeit
Backzeit: 12–15 Minuten je Backblech

Insgesamt:
E: 47 g, F: 121 g, Kh: 354 g, kJ: 11323, kcal: 2700

1 Für den Teig Butter oder Margarine mit Handrührgerät mit Rührbesen auf höchster Stufe geschmeidig rühren. Puderzucker und Vanillin-Zucker unterrühren. So lange rühren, bis eine gebundene Masse entstanden ist. Eier nach und nach unterrühren (jedes Ei etwa ½ Minute). Salz, Zitronenschale und Haferflocken hinzufügen.

2 Mehl mit Backin mischen, sieben und in 2 Portionen kurz auf mittlerer Stufe unterrühren. Rosinen unterheben.

3 Den Teig mit 2 Teelöffeln in Häufchen auf Backbleche (gefettet, mit Backpapier belegt) setzen, dabei genügend Abstand zwischen den Teighäufchen lassen.

4 Die Backbleche nacheinander (bei Heißluft zusammen) in den Backofen schieben.

Ober-/Unterhitze: etwa 180 °C (vorgeheizt)
Heißluft: etwa 160 °C (vorgeheizt)
Gas: Stufe 2–3 (vorgeheizt)
Backzeit: 12–15 Minuten je Backblech.

5 Die Haferflockenküchlein mit dem Backpapier von den Backblechen auf Kuchenroste ziehen. Haferflockenküchlein erkalten lassen und mit Puderzucker bestäuben.

Tipp: *Nach Belieben mit einem Zuckerguss Gesichter auf die Plätzchen spritzen und mit bunten Zuckerstreuseln bestreuen.*

Espresso-Doppel

etwa 18 Stück

Für den Biskuitteig:
1 Ei (Größe M)
1 Eigelb (Größe M)
50 g Zucker
2 Pck. Dr. Oetker Vanillin-Zucker
2 gestr. TL Instant-Espressopulver
50 g Weizenmehl
20 g Speisestärke

Zum Bestäuben:
Instant-Espressopulver

Für die Füllung:
100 g weiße Schokolade
30 g Butter
2–3 TL Kirschwasser

Zubereitungszeit: 50 Minuten, ohne Abkühlzeit
Backzeit: etwa 12 Minuten je Backblech

Insgesamt:
E: 22 g, F: 68 g, Kh: 186 g, kJ: 6161, kcal: 1470

1 Für den Teig Ei und Eigelb mit Handrührgerät mit Rührbesen auf höchster Stufe in 1 Minute schaumig schlagen. Zucker mit Vanillin-Zucker und Espressopulver mischen, in 1 Minute einstreuen, dann noch etwa 2 Minuten schlagen. Mehl mit Speisestärke mischen, auf die Eiercreme sieben und kurz auf niedrigster Stufe unterrühren.

2 Den Teig mit zwei Teelöffeln in Häufchen auf 2 Backbleche (mit Backpapier belegt) setzen, dabei genügend Abstand zwischen den Teighäufchen lassen. Etwas Espressopulver in ein feines Sieb geben. Die Teighäufchen damit bestäuben. Die Backbleche nacheinander (bei Heißluft zusammen) in den Backofen schieben.

Ober-/Unterhitze: etwa 180 °C (vorgeheizt)
Heißluft: etwa 160 °C (vorgeheizt)
Gas: Stufe 2–3 (vorgeheizt)
Backzeit: etwa 12 Minuten je Backblech.

3 Das Gebäck mit dem Backpapier von den Backblechen auf Kuchenroste ziehen und erkalten lassen.

4 Für die Füllung Schokolade in Stücke brechen, mit Butter und Kirschwasser in einem kleinen Topf im Wasserbad bei schwacher Hitze unter Rühren schmelzen (Nicht zu heiß, Masse gerinnt sonst!), etwas abkühlen lassen.

5 Die Schokoladenmasse mit Handrührgerät mit Rührbesen kurz aufschlagen. Jeweils 2 Gebäckstücke mit etwas Schokoladencreme bestreichen und zusammensetzen.

Tipp: *Sollte die Creme gerinnen, diese nochmals kurz in einen Topf ins heiße Wasserbad geben und mit einem Kochlöffel so lange in eine Richtung rühren, bis eine gebundene Masse entstanden ist.*

Anisplätzchen

etwa 75 Stück

Für den Biskuitteig:
3 Eier (Größe M)
200 g Zucker
1 Pck. Dr. Oetker Vanillin-Zucker
125 g Weizenmehl
125 g Speisestärke
15 g gemahlene Anissamen

Zubereitungszeit: 30 Minuten, ohne Trockenzeit
Backzeit: etwa 35 Minuten je Backblech

Insgesamt:
E: 38 g, F: 22 g, Kh: 410 g, kJ: 8321, kcal: 1986

1 Für den Teig Eier mit Handrührgerät mit Rührbesen auf höchster Stufe in 1 Minute schaumig schlagen. Zucker und Vanillin-Zucker mischen, in 1 Minute einstreuen, dann noch etwa 2 Minuten schlagen.

2 Mehl mit Speisestärke mischen, die Hälfte davon auf die Eiercreme sieben, kurz auf niedrigster Stufe unterrühren. Restliches Mehlgemisch auf die gleiche Weise unterarbeiten. Anissamen unterheben.

3 Den Teig mit 2 Teelöffeln in Häufchen auf Backbleche setzen, dabei genügend Abstand zwischen den Teighäufchen lassen.

4 Die Backbleche mit den Teighäufchen über Nacht nebeneinander in einem warmen Raum trocknen lassen und die Backbleche am nächsten Tag nacheinander (bei Heißluft zusammen) in den Backofen schieben.

Ober-/Unterhitze: 140–160 °C (vorgeheizt)
Heißluft: 120–140 °C (nicht vorgeheizt)
Gas: etwa Stufe 1 (nicht vorgeheizt)
Backzeit: etwa 35 Minuten je Backblech.

5 Die Plätzchen von den Backblechen lösen und auf Kuchenrosten erkalten lassen.

Tipp: *Die so genannten „Füßchen" bekommen die Plätzchen nur, wenn sie vor dem Backen über Nacht in einem trockenen Raum getrocknet werden.*

Rumbrötchen

etwa 40 Stück

Zum Vorbereiten:
100 g Rosinen
70 ml brauner Rum (40 Vol.-%)

Für den Hefeteig:
250 g Weizenmehl
1 Pck. Dr. Oetker Trockenhefe
2 EL flüssiger Honig (30 g)
40 g Zucker
1 TL Dr. Oetker Finesse Geriebene Zitronenschale
1 TL Dr. Oetker Finesse Orangenfrucht
170 g zerlassene abgekühlte Butter oder Margarine
100 ml lauwarme Milch

Für den Guss:
100 g gesiebter Puderzucker
2–3 EL brauner Rum (40 Vol.-%)

Zubereitungszeit: 50 Minuten, ohne Abkühl- und Teiggehzeit
Backzeit: 15–20 Minuten je Backblech

Insgesamt:
E: 38 g, F: 148 g, Kh: 424 g, kJ: 14351, kcal: 3427

1 Zum Vorbereiten Rosinen mit Rum in einem Topf mischen und zugedeckt etwa 10 Minuten bei schwacher Hitze erwärmen. Rumrosinen erkalten lassen.

2 Für den Teig Mehl in eine Rührschüssel sieben, mit Trockenhefe sorgfältig vermischen. Honig, Zucker, Zitronenschale, Orangenfrucht, Butter oder Margarine und Milch hinzufügen.

3 Die Zutaten mit Handrührgerät mit Knethaken zunächst kurz auf niedrigster, dann auf höchster Stufe in etwa 5 Minuten zu einem Teig verarbeiten. Den Teig zugedeckt so lange an einem warmen Ort stehen lassen, bis er sich sichtbar vergrößert hat.

4 Den Teig leicht mit Mehl bestäuben, aus der Schüssel nehmen und auf einer bemehlten Arbeitsfläche nochmals kurz durchkneten. Rumrosinen unterarbeiten.

5 Den Teig mit zwei Teelöffeln in Häufchen auf Backbleche (mit Backpapier belegt) setzen, dabei genügend Abstand zwischen den Teighäufchen lassen. Teelöffel evtl. zwischendurch in Mehl wenden. Die Backbleche mit den Teighäufchen nochmals so lange an einem warmen Ort gehen lassen, bis sie sich sichtbar vergrößert haben. (Vorstehende Rosinen in den Teig drücken, damit sie beim Backen nicht zu dunkel werden!)

6 Die Backbleche nacheinander (bei Heißluft zusammen) in den Backofen schieben.

Ober-/Unterhitze: etwa 180 °C (vorgeheizt)
Heißluft: etwa 160 °C (vorgeheizt)
Gas: Stufe 2–3 (vorgeheizt)
Backzeit: 15–20 Minuten je Backblech.

(Fortsetzung Seite 92)

7 Die Rumbrötchen mit dem Backpapier von den Backblechen auf Kuchenroste ziehen und erkalten lassen.

8 Für den Guss Puderzucker mit Rum zu einer dickflüssigen Masse verrühren. Den Guss mit einem Pinsel auf die Brötchen streichen. Guss trocknen lassen.

Für Kinder

Vanille-Quark-Nocken

etwa 50 Stück

Für den Rührteig:
120 g weiches Butterschmalz oder Margarine
70 g brauner Zucker (Kandisfarin)
100 g Speisequark (20 % Fett)
100 g Weizenmehl
1 Pck. Dr. Oetker Pudding-Pulver Vanille-Geschmack

Zum Bestreuen:
Hagelzucker

Zubereitungszeit: 40 Minuten
Backzeit: 10–15 Minuten je Backblech

Insgesamt:
E: 23 g, F: 114 g, Kh: 193 g, kJ: 7842, kcal: 1871

1 Für den Teig Butterschmalz mit Handrührgerät mit Rührbesen auf höchster Stufe geschmeidig rühren. Zucker unterrühren. So lange rühren, bis eine gebundene Masse entstanden ist. Quark unterrühren. Mehl mit Pudding-Pulver mischen, sieben, auf mittlerer Stufe unter die Quarkmasse rühren.

2 Den Teig mit zwei Teelöffeln in Häufchen auf Backbleche (mit Backpapier belegt) setzen, dabei genügend Abstand zwischen den Teighäufchen lassen. Die Teighäufchen mit einem feuchten Teelöffel etwas flach drücken (dafür den Löffel immer wieder in kaltes Wasser tauchen) und mit Hagelzucker bestreuen.

3 Die Backbleche nacheinander (bei Heißluft zusammen) in den Backofen schieben.

Ober-/Unterhitze: etwa 200 °C (vorgeheizt)
Heißluft: etwa 180 °C (vorgeheizt)
Gas: Stufe 3–4 (vorgeheizt)
Backzeit: 10–15 Minuten je Backblech.

4 Das Gebäck mit dem Backpapier von den Backblechen auf Kuchenroste ziehen und erkalten lassen.

Tipp: *Sie können den Teig auch mit zwei Teelöffeln zu kleinen Nocken formen, die Nocken in einen Teller mit Hagelzucker oder Kandisfarin (brauner Zucker) geben, darin wälzen und auf Backbleche setzen.*

Alphabetisches Register

Themenregister

Umwelthinweis	Dieses Buch und der Einband wurden auf chlorfrei gebleichtem Papier gedruckt. Die Einschrumpffolie – zum Schutz vor Verschmutzung – ist aus umweltfreundlichem und recyclingfähigem PE-Material.
	Wenn Sie Anregungen, Vorschläge oder Fragen zu unseren Büchern haben, rufen Sie uns unter folgender Nummer an 0521 155-2580 oder 520650 oder schreiben Sie uns: Dr. Oetker Verlag KG, Am Bach 11, 33602 Bielefeld oder besuchen Sie uns im Internet unter www.oetker.de.

Redaktion	Carola Reich, Annette Riesenberg
Titelfoto	Thomas Diercks, Hamburg
Innenfotos	Thomas Diercks, Hamburg (S. 5, 7, 9, 13–35, 39–43, 49, 53–59, 63–93) Brigitte Wegner, Bielefeld (S. 47, 51) Bernd Lippert, Bielefeld (S. 61) Ulrich Kopp, Sindelfingen (S. 11, 37, 45)
Rezeptentwicklung und -beratung	Mechthild Plogmaker, Dr. Oetker Versuchsküche Anke Rabeler, Hamburg
Nährwertberechnungen	Nutri Service, Hennef
Grafisches Konzept	kontur:design, Bielefeld
Gestaltung	kontur:design, Bielefeld
Titelgestaltung	kontur:design, Bielefeld
Reproduktionen	Fotolito Longo, Bozen, Italien
Satz	Typografika, Bielefeld
Druck und Bindung	Appl Druck GmbH & Co KG, Wemding

ISBN 3–7670–0752–5